성서적
백성의
제자도

Agenda for Biblical People
by Jim Wallis

Copyright © 1976, 1981 by Harper & Row

Published by arrangement with HarperOne,
an imprint of HarperCollins Publishers through EYA Co.,Ltd

This Korean Edition copyright © 2025 by Abba Book House, Seoul, Korea.

All Rights Reserved

이 책의 한국어판 저작권은 EYA Co.,Ltd를 통해
HarperCollins Publishers와 독점 계약한 협동조합 아바서원에 있습니다.
저작권법에 의하여 한국 내에서 보호를 받는 저작물이므로
무단전재 및 복제를 금합니다.

성서적 백성의 제자도

무엇을 따르고 무엇에 저항할 것인가

AGENDA FOR BIBLICAL PEOPLE

짐 월리스 지음 | 강봉재 옮김

아바서원

삶이란
함께하는 것임을 나에게 가르쳐 준
모든 이들에게 이 책을 바친다.
그들의 격려가 없었다면
이 책은 세상에 나오지 못했을 것이다.

차례

한국어판 서문　9
서문　15
프롤로그_ 기성 기독교냐 성서적 신앙이냐?　21

1. 새로운 질서로서의 복음　39
　순환의 고리 끊기
　회개로의 부르심
　제자 만들기
　새로운 생활방식

2. 근원으로 돌아가기　79
　순응이라는 적
　시민종교
　보수적 기독교
　진보적 기독교
　계시와 저항

3. 우상, 권세, 그리고 예배　101
　우상숭배

타락
이 세상의 권세들
그리스도와 권세들
예배와 정치

4. 힘있는 자들과 힘없는 자들   133
분열된 세상
가난한 자들과 함께하는 교회

5. 새로운 공동체   167
새로운 대안 사회
성령의 창조
화해의 사역
섬김의 힘
예언자적 소수

에필로그_ 잠시 머물다가는 사람들   219
주   225
참고 도서   227

한국어판 서문

1976년에 출간된 본서는 복음주의적 신앙을 유지하면서도 현실 정치에 기독교 신앙과 윤리를 적용하려는 책이다. 저자는 시카고의 트리니티 복음주의 신학교를 졸업한 복음주의 계열의 목회자이면서도 워싱톤 D. C. 도심 한복판에서 빈민들을 위한 사회 봉사와 자활 복구 사역에 오랫동안 투신해왔다. 그의 저작들은 신학적으로 탄탄하며 실천적으로 검증되고 단련된 사유에 터하고 있다. 저자가 중심이 되어 발행하는 사회선교 잡지인 「소저너스」는 하나님 나라의 통치 아래 점점 악해지는 미국을 복속시키려고 분투하고 있다. 보수 반동의 현실 정치 세력과 자주 결탁되어 온 미국 복음주의 교회에 대한 상투적인 인상을 불식시키는 이 책은 하나님의 백성들이 현실 정치에 참여할 무궁무진한 가능성과 실험적 공간을 제공한다. 짐 월리스는 정치는 그리스도인의 신앙적 관심 밖에 있거나 기독교 신앙의 실천 영역 밖에 있다고 생각하는 보수적인 그리스도인들에게 정치도 영혼(The Soul of Politics)이 있으며, 따라서 회심과 갱신이 가능한 영역이라고 주장한다. 그는 당면한 세상 사회와 정치 문제 해결에 기독교 신앙의 명제들이나 원칙들이 활용될 수 있다고 말한다. "성서적 백성들을 위한 의제"라는 원제목을 갖고 있는 본서는 오늘날 국가와 같은 권력 기관들의 우상숭배적 본질을 폭로하고, 그것들의 우상숭배적 일탈을 교정함으로써 완전히 새롭게 된 사회와 그 새롭게 된 사회를 이끌 수 있는 기독교를 창조하려고 한다. 나사렛 예수 안에서 인류를 구속하신 하나님에 대한 우리 그리스도인들의 투신과 충성을 쇄신하도록 도전한다. 라인홀드 니이버, 리처드 마우 같은 신학자들이 국가의 기원을 창조 질서에 내재된 것(창세기 3장 에덴과 9장의 홍수 이후의 노아 중심의 사회상이 보여주는)으로 보는 것에 반해, 월리스는 국가의 성격을 신약성서의 "통치자들"과 "권력들"에서 찾는다(고전 15:24; 엡 1:21; 3:10; 6:12; 골 1:16; 2:15; 벧전 3:22). 저자에 따르면 비록 정사와 권세들도 원래는 하나님께 그리고 하나님을 위해 창조된 권력체들이며 선한 창조에 속했으나, 현재는 창조의 원래 목적에서 일탈한 대리 기관이라는 것이다. 그 결과 하나님의 성품에 합당한 통치 대리 기관인 국가가 압제적 지배자가 되어 기독교 신앙의 대적자로 활동할 때가 많다. 그래서 저자는 통치자와 권력들은 더 이상 하나님의 사랑의 다스림을 매개하는 기관으로 작용하지 않으며, 오히려 하나님의 뜻에 대적하며 자신들에 대한 국민의 절대적 숭배를 강요하는 신격화된 기관이 되어 버렸다고 주장한다. 하나님과 인류의 결속과 연합을 촉진하는 기관들이 아니라, 오히려 분리시키며 하나님과 피조물, 즉 하나님과 하나님의 자녀들 사이의 교통과 사귐을 가로막는 장애물이 되어 버린 것이다.

저자에 따르면 그리스도의 삶, 죽음, 그리고 부활은 이 통치자들과 권력들에 대한 승리를 의미한다. 로마제국, 헤롯 왕국, 그리고 성전 체제의 사형선고와 집행을 무효화시킨 부활을 통해 그리스도는 인간에 대한 국가의 절대적 지배권을 분쇄하고 국가에 노예처럼 복종하지 않고 사는 자유의 길을 여신 것이다. 나사렛 예수의 선한 목자의 정치적 시위에 의해 그들의 악과 압제적 지배의 정체가 폭로된 정사와 권세들이 담합하여 예수 그리스도를 죽였으나 부활하심으로 그는 세계 최고의 권력 기관인 로마제국의 형벌권을 무력화시켰다. 그리스도의 삶은 정사와 권세에 예속되지 않고 하나님 아버지께 복종하면서 사는 자유의 삶이 가능하다는 시범이다. 그리스도의 몸인 교회는 폭압적인 국가 기구 대신에 등장한 자유케 된 하나님 백성들의 공동체로서, 압제와 악마적 국가 기구가 인간을 예속하는 시대가 종료되었음을 선포하는 국가의 대체물인 것이다. 따라서 육법전서, 감시와 처벌, 상비군과 거대 관료 조직으로 유지되는 통치자들과 권력 같은 국가 대신에 사랑의 법만이 작동하는 하나님 나라가 교회 안에서 동터오고 있다고 저자는 말한다. 저자는 여기서 구체적인 교회 공동체의 모습으로 실험되고 실천되는 기독교 신앙만이 이 세상의 통치자들과 권력들의 지배와 압제가 더 이상 하나님의 자녀들에게, 더 나아가 인류에게 통하지 않음을 효과적으로 선포할 수 있다고 믿는다.

저자는 현대의 국가주의적 이데올로기로 유지되는 국가 체제가 통치자들과 권세들의 가장 위험한 형태의 권력 기관이라고 보며, 자신의 조국 미국이야말로 그런 의미의 가장 위험한 우상숭배적인 권세 기관이라고 생각한다. 미국의 우상숭배적인 국가주의가 여실하게 드러난 예가 야만적인 베트남전쟁이라고 저자는 주장한다. 저자는 미국을 위시한 현대의 모든 국가가 그 자체로 위대한 권세요, 위대한 유혹자요(계시록 18장의 음녀를 방불케 하는), 인간 삶의 위대한 정복자요, 파괴자이며 인간에 대한 국가의 지배는 전체주의적 본질을 내포하고 있다고 본다. 월리스는 미국이야말로 이런 현대 국가의 전형이라고 말하며 미국이라는 나라 자체가 우상숭배적인 자기 영화화에 도취된 정사라고 규정한다. 이런 점에서 저자는 부패하고 타락한 유다 왕국의 현실을 보고 눈물을 쏟으며 바른 길을 제시하다가 배척당한 예레미야와 같다.

월리스는 세계의 모든 하나님 자녀들은 이 국가주의적 우상숭배와 거룩한 자유를 위한 거룩한 싸움을 선포해야 한다고 말한다. 그 싸움에 참여하는 길은 우상숭배적인 국가 숭배를 전적으로 보이코트하는 거룩한 비순응주의자가 되는 것이라고 말한다. 로마제국의 다양한 국가 종교 제의와 제우스에게 바쳐지는 운동 제전인 올림픽을 거부했던 초대 그리스도인들처럼, 현대의 각 나라의 그리스도인들도 우상숭배적인 국가 지배 체제를 보이코트해야 한다는 것이다. 저자에 따르면 교회야말로 하나님이 창조하실 하나님 나라에서 작동될 자유케 된 하나님 자녀들의 나라이며 대안 사회다. 이 교회는 나사렛 예수의 전면적인 하나님 나라의 복음을 당면한 사회적·정치적 쟁점에 적용해야 할 사명을 부여받았다. 교회에 위탁된 거룩하고 급진적인 사회 변혁 과업은 타락한 주류 사회를 하나님 나라에 근사치적으로 접근하는 세상을 만드는 일이다. 저자는 이런 사회 변혁의 중심 견인차는 대안 세계에 대한 비전과 삶의 방식, 공동체 생활 안에서 단련되고 숙달된 자기 희생적 소수자들(disciplined and sacrificing minorities whose alternative vision, style of life, and radical action)이라고 주장한다. 교회가 바로 자기 희생적, 세계 변혁적, 대안 세계 구축적인 자기 희생적 소수자들의 동아리라는 것이다. 교회는 이기적이고 단자주의적인 구원 열망을 가진 개인들의 무연결된 군중이 아니다. 다른 목적지를 달릴 기차를 기다리기 위해 우연히 서울역 대합실에 모여 있는 군중이 아니라, 기존 세계와는 전혀 다른 세상을 만들도록 부름 받은 하나님 자녀들의 공동체라는 것이다.

    그러나 이와 같은 저자의 주장에 모두가 동의할 수는 없을 것이다. 어쩌면 불편해하는 독자들도 있을 것이다. 국가의 우상숭배적 본질에 대한 가차 없는 공격 때문에 공직에 근무하거나 정치에 투신한 그리스도인들은 분명 상처를 받을 수도 있다. 그럼에도 그런 독자들조차 그의 주장을 경청해야 하는 것은 그의 주장은 분명

성서에 터를 두고 있기 때문이다. 또 월리스의 사회 변혁적 실천 방법론이 너무 편협한 것이 아닌가 생각하는 사람들이 있을 수도 있다. 국가 체제 안에 들어가 국가의 폐단을 점진적으로 개선하려는 정치적 자유주의마저도 파산했으며, 자칫 우상숭배적 국가 체제 자체에 참여하지 않는 비순응적 보이코트만이 그리스도인들에게 남겨진 사회 변혁 실천이라고 주장하는 듯 보일 수 있기 때문이다. 그러나 너무 이상적이고 급진적으로 보일 뿐 아니라 기질이 굳세고 신앙이 투철한 순교자급 DNA를 가진 소수자 운동으로 보일 수 있는 그의 사회 변혁 운동은, 현재 그가 현실 정치에 깊게 관여해선 한 영향력을 끼치고 있음을 고려할 때 그러한 우려는 기우에 불과함을 알 수 있다.

결론적으로 이 책 내내 쩌렁쩌렁하게 울려 퍼지는 월리스의 예언자적 음성은 타락한 세상 한복판에 살면서 무기력감과 낙망 속에 있던 그리스도인들에게 신선한 자극이 되고 영감이 될 것이다. 이 책은 세상의 소금과 빛이 되라는 예수님의 산상수훈(마 5:13-16)과 이 세상을 본받지 말고 우리의 몸을 거룩한 산 제사로 드리라고 명하는 대안 세계 창조 명령(롬 12:1-2)에 대한 길고 역동적인 주석서라고 할 것이다.

숭실대학교 기독교학과 교수

김회권

서문

 여섯 살 때 나는 '회심'했다. 어느 주일 오후, 전도사님이 내 또래 아이들에게 주님이 언젠가 다시 오셔서 하나님을 믿는 부모님을 하늘나라로 데리고 가실 거라고 말했다. 그리고 예수를 믿지 않은 아이는 홀로 남겨지고 그 다음에는 생각하기도 싫은 곳으로 가게 될 거라고 했다. 그 말을 듣고 우리는 공포에 벌벌 떨었다. 그리고 나는 태어난 후 여섯 해 동안 지었던 모든 죄를 뉘우치고 '구원'받았다. 그날 전도사님은 제자의 길에 대해서는 한 마디도 하지 않았고, 이후 신앙생활을 하면서도 그것에 관해 나는 결코 듣지 못했다.
 십대 시절 내내 교회가 가르쳐 준 단순하고 자기 합리적인 세계관과 자라면서 깨달은 참담한 현실 사이에서 나는 갈등했다. 젊은 시절 디트로이트에서 벌어진 가혹한 현실을 뼛속 깊이 체험하면서 그 갈등의 골은 더욱 깊어졌고, 백인들이 저지르는 인종차별이라는 무자비한 현실 앞에서 나는 충격과 배신감을 느꼈고, 그러한 범죄와 나 자신을 결코 떼어놓을 수 없다는 사실에 분노했다. 세상 물정 몰랐던 당시 나는, 교회가 이 문제에 대해 어떤 희망적인 답변을 갖고 있을지도 모른다고 생각했다. 그러나 교회는 그 문제들로부터 자신을 방어하고 현 체제를 옹호하는 데 급급했다. 이에 실망한 나는 현실을 더욱 직시하고 더 적극적으로 행동했다. 그럴수록 교회는 더욱 방어적인 자세를 취했다. 교회는 자신들을, 그리고 자신들의 자랑스러운 나라 – 실상은 추악한 나라 – 를 두둔할 생각만 했다. 시간이 흘러갈수록 교회로 향하는 내 발걸음은 뜸해졌고 가족과 친구들은 내 믿음을 걱정했다.

마음을 다잡을 수 없었던 나는 결국 교회와 가족, 친구들 곁을 떠나 다른 무리에 합류했다. 내가 둥지를 튼 그 집단은 사회로부터 소외된 이들과 함께 고통을 나누면서 사회를 변혁하려는 한편, 자신들의 삶에 대한 반문화적 대안을 찾고 있었다. 여러 분야와 현장에서 공부를 하고 정치, 경제, 교육 기관들의 미온적인 태도를 목격하며 정권의 폭력적인 진압을 몸소 겪으면서 나는 의욕만 있던 사회 운동가에서 좀더 냉정하고 정치적으로 더 지혜롭고 급진적인 활동가이자 조직가로 성장했다.

시간이 흘러 운동이 시들해지고 좌절하기도 하고, 사태의 추이를 지켜보며 깊이 있는 지적 탐색을 하면서 나는 다시 신약성서를 주목했다. 편견을 버리고 성서를 읽자 복음의 능력을 감추고 부인하는 데 급급한 교회의 증언과 생활방식에 여전히 실망했지만, 난생 처음으로 복음의 온전함과 역동적 힘이 눈에 들어오기 시작했다. 특히 신약성서에 나타난 급진적 그리스도의 모습에 나는 숨이 멎는 듯했다. 그후 나는 복음을 진지하게 연구하기 위해 신학교에 진학했다. 그러나 교회는 여전히 구태의연한 방식으로 복음의 요구에 응답하고 있었다. 하지만 나는 이전보다는 준비가 되어 있었고, 성서적 신앙이 기성 종교를 무너뜨리고 삶을 변혁시킬 능력이 있음을 깊이 확신하게 되었다. 그리고 교회가 자신의 성서적 정체성을 되찾을 때가 되었다는 생각이 들었다. 그래서 나는 동료들과 더불어 그 문제들에 대해 목소리를 내기 시작했다.

주위의 많은 사람들이 기독교 신앙의 핵심을 간파하기 시작했다. 복음이 변혁적이며, 우리에게는 지속적인 변화가 필요하며, 성서적 신앙 운운하며 우리의 삶과 사회의 모습을 정당화해서는 안 된다는 사실을 말이다. 교회는 궁극적으로 자신들의 삶이 고장났기 때문에 수리가 필요하다는 데 인식을 같이 하는 사람들의 모임이다. 이러한 인식은 현상 유지나 자기 합리화를 결코 용납하지 않는다. 그리스도인은 다른 사람들은 몰라도 우리 자신이 죄인임을 고백하고 우리의 생각들과 태도가 복음과 모순된다면 언제든지 그것들을 철저하게 폐기하려는 자들이다. 예수 그리스도의 형상으로 철저하게 개조되고 갱신되어야 하는 존재인 것이다. 이러한 사실을 깨닫고 하나님의 성령을 의지하려 할 때 우리는 우리 자신을 합리화하거나 변화를 두려워 하지 않게 된다.

하나님은 상처와 고통, 증오와 불법, 폭력과 억압이 판치는 세상 속에서 성서적 증언에 충실하겠다는 소박한 의지를 지닌 사람들을 애타게 찾고 계신다.

본서는 복음과 종교, 복음과 정치의 관계에 초점을 맞춘 책으로 처음부터 끝까지 성서와 성서적 이슈들을 다룬다. 신학적 통찰에 바탕을 두고 있지만 결코 신학 책은 아니다. 정치와 경제, 사회적 이슈를 다루지만 특정 분야를 다루는 전문적인 글도 아니다. 우리 시대에 집중되어 있고 산재해 있는, 교회와 언제나 관련되어 있고 앞으로도 관련되어 있을 주요 의제들을 다루는 것이 본서의 목적이다.

『성서적 백성의 제자도』는 한 개인의 순례 여정과 워싱턴 D. C.에 있는 공동체에서 함께 생활하고 있는 지체들의 삶을 배경으로 한다. 이 책에는 공동의 헌신과 투쟁, 통찰이 녹아 있다. 뿐만 아니라 우리 공동체와 함께하거나 우리가 펴내는 잡지인 「포스트 아메리칸」을 발전시키는 데 여러 방식으로 관련되어 있는 사람들로 구성된 더 광범위한 공동체의 경험과 통찰이 반영되어 있다.

이 책이 나오기까지 많은 분들에게 신세를 졌다. 무엇보다 사랑과 지지를 보내 준 공동체 식구들에게 감사를 전한다. 교정, 편집, 원고 등을 준비하는 데 수고를 아끼지 않은 조 루스, 밥 사바스에게 감사를 전한다. 나의 순례 여정에 동행했던 웨슬리 마이클슨과 존 알렉산더, 샤론 갤러거 같은 가까운 동료들의 수고도 잊을 수 없다. 「포스트 아메리칸」을 펴낼 때마다 아이디어와 비판, 자신의 모든 것을 아끼지 않은 많은 사람들에게도 고마움을 전한다. 우리에게 성서적 백성으로서의 책임을 상기시키고 귀감이자 스승이 되어 준 교회의 예언자적 목소리들에게도 감사를 표한다. 자끄 엘룰, 윌리엄 스트링펠로우, 존 하워드 요더, 토머스 머튼, 도로시 데이, 클레런스 조던, 윌 캠벨, 디트리히 본회퍼 같은 이들이 그들이다. 마지막으로 원고를 타이핑해주고, 그리스도인의 희생적 사랑이 어떤 것인지를 몸소 보여 주신 어머니 필리스 월리스에게 사랑을 전한다.

프롤로그

기성 기독교냐 성서적 신앙이냐?

그동안 교회를 분열시켜 온 성직과 교리에 관한 논쟁은 더 이상 사람들의 관심사가 아니다. 오히려 그러한 논쟁들이 정말 중요했는지, 나아가 정말 필요했는지를 논하고 있는 것이 지금의 형국이다.

그러한 변화의 분위기에서 예상되듯이 낡은 범주들과 꼬리표들, 구분들은 점점 힘을 잃고 있다. 자신들의 뿌리인 성서로 돌아가려는 그리스도인들이 교파나 전통을 넘어 새로운 관계를 구축하고 있다. 고 교회와 저 교회, 복음주의와 에큐메니칼, 개신교와 가톨릭, 칼빈주의와 아르미니우스주의 같은 이분법을 넘어서려는 노력이 불고 있다.

오늘날 최대 관심사는 기성 기독교를 지지할 것이냐, 성서적 신앙을 실천할 것이냐 이다.

오늘날 기성 기독교는 기존 사회 체제와 밀월을 즐기고 있다. 더 이상 기성 기독교는 국가의 요구, 경제적·정치적 권력의 주장, 국가가 중요시하는 삶의 가치나 생활방식과 충돌하지 않는다. 타협과 순응의 종교가 된 기성 기독교는 하나님께 대한 충성과 순종보다 현실과 성공을 중시한다. 기성 기독교는 정치 질서와 사회적 합의, 경제 체제 같은 이데올로기를 섬기고 있다. 오늘날 기성 기독교의 지도자들은 예언자보다는 사회 지도급 인사로 불리길 더 좋아한다. 그들의 메시지는 가진 자와 힘있는 자들에게 어떤 도전도 되지도 않으며, 눈에 거슬리지도 않는다. 그런 메시지에 충실한 삶은 세상의 문화적 가치와 가정들(assumptions)을 종교적으로 재생산하고 있을 뿐이다.

기성 기독교는 세인들의 눈을 의식해 좋은 평판을 받으려 하고, 문화적 타당성을 지니려다가 세상과 가져야 할 긴장 관계를 망각했다. "이 세상에 속하지 않았다"라는 그들의 주장은 그들이 떠들어대는 하찮은 교훈 속에서 그 실체가 드러나고 말았다. 교회는 이 세상의 삶의 방식, 이 세상의 경제적·정치적 이기주의, 이 세상의 인종차별과 성차별주의, 이 세상의 경제적·군사적 침략에 철저히 순응했다. 주요 기관들과 기독교 지도자들이 부와 명성, 권력을 거머쥐면서 헌법이 말하는 정치와 종교의 분리 원칙은 그 빛을 바랐다. 보수적 기독교와 진보적 기독교 모두 이런 죄에서 결코 제외되지 않는다.

하나님의 백성들은 언제나 하나님이 아닌 다른 신, 다른 유한한 실재들을 섬김으로써 첫째 계명을 어기라는 끈질긴 유혹에 시달려 왔다. 우상숭배의 가면을 벗겨내고 하나님께 충성하는 것이 그들의 오래된 숙제였다. 우리는 현재 우리의 삶과 사회에서 목격하고 있는 우상숭배, 이를테면 소비주의에 물든 정신, 힘과 권력에 의지하려는 마음, 인종과 성차별, 계급적 억압, 국가의 운명을 마음대로 하려는 오만함, 폭력 사용 등과 같은 문제들에 교회가 침묵하고 있는 것을 분명하게 짚고 넘어가야 한다. 그럴 때에라야 우리는 거짓 신들의 횡포에서 벗어나 하나님을 사랑하고 이웃을 섬길 수 있다.

지금까지 순전히 사적인 의미로만 쓰였던 '세상'이라는 단어는 이제 세상 권세와 제도들은 선하다는 교회의 그릇된 믿음, 곧 우상숭배에 대한 순응을 설명하는 데 적용되어야 한다. 성서가 세상의 타락을 맹렬히 비판하는 데도 교회가 세상 권세와 밀월을 즐기고 있는 것은 놀라운 일이 아닐 수 없다. 교회가 이 세상 권세를 동반자로 생각하고 그것을 사용하는 것을 대수롭지 않게 여기는 것은 성서를 몰라도 너무 모르는 일이며, 원수의 세력을 과소평가하는 것이다. 그 결과 교회는 이 세상 권세의 지배를 받게 되었다. 하나님의 백성은 원래부터 세상 권세에 협력해야 한다는 생각은 전혀 성서적 가르침이 아니다. 오히려 하나님의 백성은 세상의 집단과는 전혀 다른 공동체가 되어 하나님이 역사 속에서 행하시는 일에 결정적 역할을 담당하는 존재여야 한다. 그런 식으로 세상의 기대와 요구에 순종하지 않는 것이 성서적 신앙이다.

하나님은 약한 자들을 편드시는 하나님이시고, 하나님의 백성은 경제적·사회적 정의를 실현해야 한다는 성서의 단호한 요구는 그동안 교회를 분열시켰던 그 어떤 교리적 문제들보다 훨씬 더 명백하고 중요하다. 성서는 분명히 말한다. 하나님을 안다는 것은, 정의를 행하고 억압받는 자들의 합당한 요구에 귀를 기울이는 것임을. 이 명령은 오늘날 기성 체제에 순응하고 타협한 교회가 최우선으로 수행해야 할 명령이다.

성서는 억압의 구조적 현실과 "타인"을 인간 이하로 대우하는 제도에 대해 분명한 입장을 취한다. 인종이나 계층, 성을 상징하는 '타인'을 업신여기는 것은 유래를 찾을 수 없는 죄악이라는 것이 복음의 핵심 이슈다. 성서적 백성은 제도와 사회, 문화와 제도들을 희생자 입장에서 바라보도록 명령받았다. 이것이 그리스도 공동체가 이 세상의 역사 속에서 독특하면서도 혁명적인 역할을 감당하는 방식이다.

예수 그리스도 안에서 하나님은 '타인'의 형태로 억압받는 인종, 착취당하는 계층, 지배당하는 백성과 하나가 되신다. 그리스도 예수 안에서 하나님은 가난하고 억압받는 자의 편이 되신다. 하나님 스스로 낮아져 '타인'과 하나가 되신다는 것이 성육신의 역설이자 복음의 스캔들이다. 그렇기 때문에 신약성서에 묘사된 교회 또한 자신을 가난하고 억압받는 자들과 하나가 되어 하나님이 예수 그리스도 안에 보여 주신 종으로서의 책임을 감당해야 한다.

이것이 성서가 증언하는 바다. 그러나 그동안 우리는 이와 같은 성서의 증언을 묵살해왔다. 우리는 성서를 인간이 만든 교리의 한 조항으로 격하시켰고, 정치와는 무관한 것으로 축소시켰으며, 종교적 중립이라는 미명으로 복음을 사적 영역으로 격리시켰다. 그 결과 우리의 역사 속으로 들어와 우리를 심판하고 변혁하시는 하나님 말씀은 철저히 왜곡되고 말았다. 역사에 대한 이와 같은 성서의 증언을 우리가 제대로 이해할 때 교회는 정치적으로 심오한 결과를 낳을 것이다.

구원은 우리의 노력으로 얻어지지 않는다. 그러나 하나님의 뜻과 말씀에 대한 신실한 순종은, 구원이 이 세상에 실재하는지를 판단하는 중요한 시금석 역할을 한다. 성서는 역사 속에 나타난 하나님의 자기 계시와 하나님 백성들의 이야기를 증언한다. 성서적 증언, 곧 하나님 말씀에 대한 증언은 우리의 삶과 사회를 향한 하나님의 참된 뜻을 세상에 드러내는 것이다. 우리가 성서의 권위에 정말 충성하는지에 대한 올바른 검증은 단순히 교리적으로나 체계적인 논리가 아니라, 우리의 삶이 하나님 말씀에 뿌리를 두고 실제로 그렇게 살고 있느냐의 여부에 달려 있다. 따라서 기독교 급진주의는 하나님 말씀에 무조건 귀를 기울이고 응답하려는 깊은 갈망에 뿌리를 둔다. 우리는 정치와 사회 현실을 성서적으로 이해하고, 해석하며, 성서적 증언에 함축된 정치적 의미를 다시 발견해야 한다.

다행인 것은 성서적 신앙으로 돌아가는 사람들이 점차 늘고 있다는 사실이다. 성서적 신앙은 성서 교리가 아닌 성서적 증언을 삶으로 실천하는 신앙이다. 성서는 교리가 아니라 삶이 성서에 대한 신실함을 검증하는 최고의 시금석이라고 말한다. 이러한 기준에 의

하면 오늘날 기성 기독교는 무언가 크게 결핍된 기독교임이 분명하다.

다행히도 우리는 성서에 대한 무지와 태만, 불성실의 시대에서 이제 막 벗어나고 있다. 교회가 현실과 동떨어져 있다면 그것은 교회의 잘못이 아니다. 성서의 증언을 망각하고, 무시하고, 남용한 우리의 잘못이다. 그렇기에 그리스도인은 성서의 증언을 구현하고, 살아 있는 성서적 신앙의 강력한 잠재력을 되살려내야 할 책임이 있다. 그 과정에서 성서적 주제들은 의미를 되찾아 새로운 능력과 권위로 우리에게 말을 걸어 올 것이다.

성서적 신앙을 새롭게 하는 데 가장 중요한 것은 무엇보다 교회의 정체성을 재확립하는 것을 최우선 과제로 삼아야 한다는 인식의 확대다. 신약성서에 묘사된 교회는 세속적 가치에 저항하고 새로운 질서를 드러낸다. 성서는, 하나님 나라의 삶은 이미 시작된 새로운 시대와 지금 세대가 긴장을 유지하면서 공존한다고 말한다. 긴장 가운데서 공존한다는 이 성서적 개념이야말로 역사의 변화를 이끌어 낼 창조적 힘이다. 그 안에서 언약 백성은 삶으로 하나님의 심판과 해방을 증언한다. 성서는 변화가 하나님 백성의 역사 참여, 즉 그리스도의 사랑과 능력을 드러내는 우리 삶으로부터 온다고 말한다. 하나님의 백성이라는 새로운 공동체는 옛 질서에 대항하는 낯선 세력이자 갑작스레 등장해 이 세상과 이 세상의 권세들에게 자신의 정체를 드러내는 새로운 질서다. 또한 그 공동체는 장차 올, 그리고 그리스도의 죽음과 부활을 통해 세상에 이미 뿌리를 내린 새로운 질서라는 가능성이다.

세상에서 일어나는 의미 있는 모든 사건들이, 그리스도의 몸인 지역 신앙 공동체에서 충만케 되는 것에서 비롯된다는 사실을 그리스도인들이 점차 인식하기 시작했다. 교회의 삶을 몸에 비유하는 성서의 강력한 은유는 자율적인 개인들의 모임에 지나지 않는 오늘날 대다수의 교회 회중에게는 무척 낯선 개념이다. 그리스도 공동체를 우리의 투쟁과 결단, 그리고 우리의 삶을 완전하면서도 자유롭게 함께 나눌 수 있는 곳으로 만드는 일이 세상을 향한 예언자적 증언과 사명의 초석이다. 그러한 기초 없이 우리는 그리스도께서 충만히, 그리고 능력 가운데 나타나실 것이라는 신약성서의 약속이 우리에게 성취되리라 기대해선 안 된다. '제자 삼을' 수 있는 능력을 지닌, 새로우면서도 더 성서적인 복음 선포를 추구하는 그리스도 공동체를 세우는 일은 이 땅의 힘없는 자들을 억압하는 제도와 가정들을 진리로 무력화하는 혁명적 행위임을 우리는 깨달아야 한다. 성령의 새로운 부어주심이 우리에게 필요한 이유가 이 때문이다. 성령의 능력으로만 우리는 변화된 삶을 살 수 있고, 새로운 율법주의나 우리의 힘으로는 결코 성서적 그리스도인이 될 수 없기 때문이다.

성서적 백성은 지금과 같은 세상의 모습을 결코 참지 못한다. 이방인과 순례자로서 하나님 나라의 관점에서 이 세상을 바라보는 그리스도 공동체는 어지러운 이 세상에서 '하나님 나라의 현존'을 구현함으로 변화를 만들어 내고, 소망을 가시화한다. 이 제사장적 소명으로 사람들이 그리스도 예수와 만날 수 있도록 애쓰고, 예언자적 사명으로 그리스도와 그분의 나라에 대한 생생한 선포를 통해 죽음으로 치닫는 이 세상의 기성 질서에 저항한다. 하나가 되어 저항 정신과 영적 성장에 생기를 돋울 그리스도 공동체를 세우는 일에 헌신하는 것이 우리가 해야 할 일이다.

성서적 백성의 행동은 새로운 시대가 오고 있다는 신호로, 이 세상이 그들의 행동을 눈엣가시처럼 생각하는 이유가 바로 그때문이다. 십자가에서의 예수의 죽음은 여전히 이 시대의 집권자들과 지식인들에게 어리석은 일처럼 보인다. 그러나 이는 우리의 삶과 사회에서 하나님이 자신의 뜻을 이루기 위해 여전히 쓰시는 방법이다. 하나님이 스스로 낮아지신 복음의 스캔들과 십자가의 어리석음이야말로 모든 그리스도인이 삶의 방식으로 따라야 할 패러다임인 것이다.

베트남전쟁은 북미에 사는 그리스도인들의 성서적 신앙을 새롭게 하는 역사적 계기가 되었다. 베트남전쟁은 미국의 기성 세대뿐 아니라 젊은 세대의 뇌리에서도 결코 사라지지 않을 충격적인 체험이었다. 이 전쟁은 국가에 대한 우리의 환상을 산산이 부수었고, 우리의 삶의 태도를 규정했으며, 그 어떤 교육보다 심오한 가르침을 주었다. 베트남전쟁은 우리의 조국 미국의 또 다른 정체를 신랄하게 드러냈다. 희망과 기회와 명예의 나라가 아닌 교만과 잔인함과 수치로 얼룩진 미국의 모습을 말이다. 베트남전쟁은 어려서는 애국가를 부르게 하고, 청소년이 되어서는 반전 사상을 심어주더니 어른이 되자 우리로 하여금 피켓을 들고 거리로 나서게 만들었다. 베트남전쟁은 우리나라와 우리 자신의 실체를, 그리고 어떤 이들에게는 성서적 신앙의 의미를 드러내는 거울이 되었다. 이제 우리는 결코 그와 같은 전철을 밟지 않아야 한다.

베트남전쟁의 처참함을 기억하는 사람이 얼마나 될까? 그후 몇 명의 대통령을 겪으면서 우리는 정치인들의 안전 보장에도 불구하고 전쟁에서 무고한 시민들의 생명이 죽어나가는 것을 목격해야 했다. 정부는 전쟁이 불가피했다고 둘러댔지만 우리는 이제 그런 거짓말에 속지 않는다. 우리는 정치 지도자들이 거짓말을 일삼으며 집단학살을 주도하고 있음을 알았다. 우리는 그들의 표현대로 '국익에 반하는' 우리의 시위를 통해 그들이 자신들의 뜻에 저항하는 자들과 걸림돌이 되는 자들을 어떻게 대했는지를 똑똑히 보았다.

전쟁의 대가를 치르겠다는 이들은 많지만 평화의 대가를 치르겠다고 나서는 이는 아무도 없다. 전쟁과 그것이 우리에게 남긴 것들을 잊어서는 안 된다. 그러나 우리는 이 끔찍한 전쟁을 기억에서 지워 우리로 하여금 가혹한 현실과 직면하지 않으려 하고, 전쟁을 일으킨 바로 그러한 - 여전히 우리 곁에 존재하고 있고, 저항하지 않으면 더 많은 희생을 낳게 될 - 것들을 외면하게 해줄 신화들을 끝없이 재생산하려고만 한다. 아무리 화해를 외쳐도 진리에 대한 뼈아픈 성찰과 회개를 거치지 않는 화해는 값싼 화해일 뿐이다. 성서가 말하는 화해는 그런 것이 아니다. 화해는 어렵고 부담스러운 것이다. 우리 자신에 관한 진실, 우리나라에 관한 진실, 우리가 행한 일에 관한 진실을 감추려는 방편으로 화해를 사용해서는 안 된다. 베트남전쟁 같은 참혹한 결과들을 촉발시킨 태도와 가치들, 체제의 실체를 폭로하고 맞서지 않은 채 진정한 치유, 영원한 치유를 꿈꿔서는 안 된다.

결국 미국 정부가 어쩔 수 없이 인도차이나에서 발을 뺐긴 했지만, 그렇다고 제2, 제3의 베트남전쟁을 낳았던, 전대미문의 착취와 폭력, 갈등과 파괴를 종식시키지 않는한 또 다시 이러한 비극을 초래할 약속들과 정책들, 태도들과 제도적 실체들은 결코 사라지지 않는다.

베트남전쟁 이후 베트남 국민들은 자신의 미래를 결정할 기회를 가졌다. 그 후의 성공과 실패는 순전히 그들의 몫이었다. 하지만 우리는 어떤가? 이처럼 끔찍한 만행을 저질렀음에도 우리는 아무런 교훈을 얻지 못하고 있지 않은가! 수많은 사람들을 고통스럽게 하고 피를 흘리게 했음에도 정녕 우리 자신과 우리나라에 대해 아무런 반성도 하지 않을 것인가?

전쟁과 그 안에서 저지른 만행에 대한 반성으로 우리는 우리의 마음과 정신을 바꿀 것인가? 아니면 인간의 불행과 갈등의 씨앗을

퍼뜨리는 태도들과 가치들, 제도들을 계속 지지할 것인가? 또 다른 불법과 폭력의 열매를 거둘 준비를 계속할 것인가?

이것도 저것도 아니면, 어떻게 할 것인가? 전쟁이 아닌 평화의 씨앗을 뿌리는 새로운 삶의 방식을 선택하겠다고 결심할 것인가? 가진 자들과 힘있는 자들의 주장을 더 이상 지지하지 않고, 그들의 목표와 목적을 달성하는 데 우리의 순종과 우리의 자식들, 우리의 돈을 더 이상 바치지 않겠다고 다짐할 것인가? 죽음의 정치에서 살림의 정치로 방향을 전환할 것인가? 우리가 행동하지 않는다면 어제와 오늘의 전쟁이 낳은 고통과 고난은 아무런 의미가 없게 될 것이다.

두 세기가 지난 지금에서야 인종과 국가 우월주의, 영토 확장 정책, 그리고 폭력이라는 교리가 우리들의 영혼에 어떤 해악을 끼쳤는지 우리는 조금씩 깨닫기 시작했다. 미국의 종교는 여전히 미국이다. 그 종교의 신자들은 우리의 위기에 등을 돌리고, 인간의 삶에 미치는 영향들을 무시하고, 그들을 비판하는 자들에게 의심의 눈길을 보내며, 전쟁과 이익 추구에 혈안이었던 조직들을 지금도 여전히 성역으로 만들고 있다. 인간의 삶을 끊임없이 위협하는 관료 조직은 지금도 대중에게 수수께끼 같은 존재로 군림하고 있다.

전쟁에 반대하는 사람들과 단체들은 오늘날 우리가 직면해 있는 더 크고 심오한 문제들과 씨름할 토대나 동기, 에너지나 능력이 없어 보인다. 그러나 베트남전쟁이 '미국주식회사' 한가운데 일으킨

동요는 우리도 저항할 수 있다는 희망의 원천이 되었으며, 그리스도인들로 하여금 성서적 신앙에 눈을 뜨는 계기를 마련해주었다. 이 새로운 자각은 변화를 촉구하고, 사회와 우리 자신에 관한 기본 가정들을 재고할 것을 요구했다. 그러나 우리의 저항은 부정과 거부, 그 이상이어야 한다. 우리의 저항은 급진적 대안으로까지 나아가야 한다.

급진적 대안은 철저한 변화를 꾀하는 데 필요한 동기 부여와 방향 설정, 자기성찰을 가능케 하는 가치와 비전, 목표를 세울 수 있는 적절한 토대를 요구한다. 급진적 대안은 학업을 그만 두고, 가진 것을 모두 팔아치우며, 정의와 사회 변화를 위한 싸움을 피비린내 나는 성전(Holy War)으로 만드는 냉소와 절망, 증오와 자포자기에 빠지지 않게 하는 비전을 제시해야 한다. 우리에게는 철저한 변혁, 사회와 우리 자신에 대한 전혀 새로운 이해가 필요하다. 우리가 처해 있는 딜레마에 대한 분석은 급진적일 뿐 아니라, 해결책 또한 사람들의 마음을 움직이고 문제의 근본 원인들을 다루는 것이어야 한다. 그것은 지나치게 단순화하는 위험을 피할 수 있을 만큼 포괄적이어야 한다. 또한 우리는 우리의 불행의 원인을 자신이 아닌 다른 곳에서 찾으려는 지나치게 단순화한 온갖 집단적 환상을 떨쳐버려야 한다. 우리가 반대해야 할 악은 우리 안에 있다.

성서적 비전은 개인의 변화와 사회 해방의 토대를 구현할 새로운 백성들의 출현을 위한 발판이다. 체제에 도전하기 위해서는 삶이 달라지고 급진적으로 바뀔 것을 두려워해서는 안 된다. 낡은 것을 거부하는 것으로는 충분하지 않다. 무엇보다 우리의 행동은 새로운 현실에 철저히 기초해 있어야 한다.

미국이 개입했던 베트남전쟁은 교회가 세상의 포로가 되었으며, 도덕적으로 무능하며, 소명 의식을 잃고 있음을 정확히 보여 주었다. 교회가 현상 유지를 고수하는 세상의 사고방식에 얼마나 물들어 있었는지 베트남전쟁이라는 도덕적 위기가 발생했을 때, 십자가냐 국가냐 하는 문제로 심각하게 고민했던 그리스도인이 거의 없을 정도였다.

전쟁이 끝나고 미국의 국가적 우월의식이 사실로 드러나자 많은 그리스도인들이 정부와 미국을 움직이는 권력 기관에 비판적 자세를 취하게 하는 성서적 신학으로 눈을 돌렸고, 복음을 통해 회심을 체험한 사람들이 진지한 제자도의 삶을 살아야 한다는 것이 성서의 중심 신조임을 발견했다. 이전까지 교회는 제자도에 목숨을 걸어야 한다는 생각을 거의 하지 않았다. 제자도는 그저 특정한 사람들의 것이라는 협소하면서도 사적인 이해가 일반적이었다. 그러나 이제 제자도를 신실하게 따르려면 국가와 그 체제의 삶을 특징짓는 탐욕과 민족적 우월의식, 폭력과 국가주의를 거부해야 한다는 인식이 조금씩 확산되고 있다. 이러한 교훈이 보급되던 때는 변화를 촉구하던 운동들이 연합과 내부 약점들로 인해 어려움에 처해 있던 시기로, 당시의 운동들은 영적 자원들을 지속적으로 개발하고 깨어 있는 양심적 그리스도인만이 할 수 있는 대안적 비전 제시를 하지 못하고 있었다.

지금 이대로가 좋은 것이라고 주장하는 종교 지도자들에게 의문을 제기하는 그리스도인들 사이에서 진정한 제자도와 사회정의를 지향하는 새로운 운동들이 일어나고 있다. 신좌파와 진보적 기독교가 함께 몰락하면서 그리스도 중심적인 신앙생활을 하고, 타협하지 않는 성서적 신앙에 기반을 둔 사람들에게서 사회정의를 실현하려는 강력하고 지속성이 뛰어난 추진력을 기대할 수 있게 되었다. 믿고 있는 교리와 윤리적 실천 사이의 커다란 괴리로 인해 생긴 문제들에 대해 더 이상 침묵해서는 안 되고, 믿음을 실천으로 옮기고, 생활방식과 거기서 파생되는 행동을 통해 자신들이 추구하는 신학의 위력을 나타내야 한다는 사실을 알게 된 것이다.

새롭게 불고 있는 복음적인 정신의 가장 큰 특징은 성서적 신앙을 재발견하고, 성서의 통찰을 새로운 형태의 사회 정치적 참여에 적용하려 하는 마음이다. 이것이야말로 성서적 교리는 믿으면서도 사회정의와 생활방식에 대한 철저한 헌신을 요구하면 불편해 하는 것보다 성서를 더 진지하게 여기는 것이다. 이 새로운 운동은 사회적 양심이 결여되어 있으며 윤리를 타협의 대상으로 삼는 보수적인 기독교와 성서에 천착하지 않고 복음전도를 무시하며 영적 삶에 열정적이지 못한 부족한 진보적 기독교 모두를 비판한다. 인간을 영적·경제적으로, 개인적·정치적으로 옭아매고 억압하는 모든 것에 문제를 제기하는 온전한 복음을 선포하며, 이것으로 보수적 기독교와 진보적 기독교 모두에 생기를 불어넣고 그 둘을 화해시키는 것이 그들의 소망이다.

미국이 치른 전쟁들을 통해 사람들은 기독교 신앙의 의미와 제자도의 대가가 어떤 것인지를 새삼 배우게 되었다. 그 전쟁들은 파산 선고를 받은 진보적 가정들을 넘어 성서적 신앙이 필요함을 보여 주었다. 전쟁과 그 결과들은 우리에게 복음에 대한 우리의 이해가 총체적이어야 함을 일깨워 주었다. 또한 그리스도인과 교회가 근원적으로 변혁되어야 하고, 복음의 핵심이 개인과 사회 모두의 변화를 요구하고 있음도 보여 주었다. 이제 우리는 그리스도께서 우리의 삶 속에서 역사하시고, 이 세상의 역사에 개입하셔야 한다는 사실을 절실하게 깨달았다. 이렇게 새로운 성서적 급진주의는 기꺼이 자신의 삶을 바꾸고, 체제에 도전하고, 대안적 비전을 제시하려는 사람들의 토대가 된 것이다.

성인이 되어 자신의 목소리를 내는 새로운 세대의 그리스도인, 특정 조직도 없고 기독교 신앙에 철저하되 특정 신앙 교리를 지양하는 그들은 제자도의 요구와 미국의 부와 권력을 장악한 세력 사이에 근본적 모순이 존재하고 있음을 폭로한다. 현실에 점차 눈뜨기 시작한 그들은 교회가 정치와 경제적 기득권층과 누리는 밀월 관계에 정면으로 도전한다. 기성 체제와 긴장 관계에 있기보다는 잘 지내려는 시민종교는 이제 맹렬한 비판을 받고 있다. 잘못된 대상에 충성을 바치다 노골적인 우상숭배로 빠지곤 하는 이 시민종교는 이제 곳곳에서 비난의 화살을 맞고 있다.

사회정의 실현에는 눈곱만큼의 관심도 없는 구원 이야기, 믿음을 현실과는 상관없는 이야기로 만들며 성서의 가르침을 따르지 않는 시민종교는 정통 기독교의 탈을 쓴 거짓 종교다. 시민종교는 개인의 변화와 삶의 방향 전환의 필요성을 무시하는 공허한 메시지이며, 세속적 가정들에 의해 얼마든지 길들여지고, "예수는 주"라는 역사적 고백 앞에서 머뭇거리는 값싼 종교다. 이렇듯 보수주의나 진보주의를 막론하고 지난날 이 나라의 그리스도인들의 증언은 공허하고, 불완전하고, 부와 권력의 종노릇을 해온 반쪽짜리 기독교였다.

반전 운동과 시민권 투쟁이 한창일 때 기독교로 귀의한 사람들이 많았다. 예전의 신앙적 헌신으로 인해 기성 교회를 외면했지만 이제는 자신의 신앙이 요구하는 바를 따르겠다고 나서는 사람들도 생겼다.

이렇게 적지 않은 그리스도인들이 복음이 자신의 삶과 시대에 부여하는 의미를 되찾는 일에 관심을 쏟고 있다. 자기 자신과 국가, 자신의 성서적 정체성을 새롭게 이해하겠다고 나선 많은 사람들이 개인의 변화를 위한 요구와 능력에서, 정의와 평화, 공동체를 지향하는 사회 윤리에서, 그리고 믿음을 낳는 영적 능력에서 복음에 깔려 있는 가정들이 급진적임을 알게 된 것이다. 제자도로의 부르심,

곧 예수 그리스도를 따르라는 부르심은 우리에게 주류 문화의 지배적 가치와 체제 순응적 삶의 방식과 단호히 결별할 것을 요구한다는 사실을 알게 된 것이다.

많은 사람들이 초대교회의 헌신과 역사적 기초, 초대교회의 급진적 윤리와 하나님 나라에 대한 의식을 되살리려 하고 있다. 예수 그리스도가 역사 속으로 들어오신 것은 우리 삶의 토대가 될 새로운 질서가 침투해 들어온 것과 마찬가지라고 믿는 사람들이 말이다.

이 급진화 과정은 새로운 신학이나 가치 체계의 창조를 요구하지 않는다. 오히려 이 과정은 성서적 기독교로 되돌아갈 것을 요구한다. 기성 체제에 대한 반대가 아무리 거세더라도, 그 비전이 아무리 혁명적이라하더라도 그것의 기본적인 가치와 헌신은 성경과 교회의 전통을 잘 알고 있는 이들에게는 친숙하다. 반체제 인사들이 성서적 신앙에 일치하는 주장을 하며 기독교 유산을 계승한 것 같은 모습을 보이고 있는 것은 결코 놀라운 일이 아니다.

맹목적 충성을 거부하고 그것에 저항하라는 목소리가 그 어느 때보다 높다. 그렇게 할 수 있는 가장 강력한 원천은 성서적 양심에 눈을 뜨는 것이다. 우리는 고백 교회, 곧 예수를 주님으로 고백하고 그 고백에 따라 살겠다고 다짐하는 사람들의 모임이 필요하다. 이 역사적 시점에서 예수를 주님으로 모시고 살고자 한다면, 주류 문화의 지배적인 가정들, 정치와 경제를 주관하는 체제들, 세상에 순응하는 교회와 어쩔 수 없이 반목하게 될 것이다.

세상이 가장 필요로 하는 것은 전국적 조직과 빈틈 없는 행동 전략이 아니라 제자도의 요구에 어떤 식으로든 응답하려는 사람들, 즉 세상에 순응하지 말고 마음을 새롭게 함으로 변화를 받으라는 성서의 부르심에 적극 순종하며 사는 사람들이다.

따라서 세상 속에서 그리스도가 현존하고 계심을 드러내는 표지가 되길 바라는 교회는 사회와 권력이 내세우는 기성 가치와 가정들의 허상을 폭로하는 반대 표지다. 그러한 증언은 교회로 하여금 세상의 포로된 곳에서 나오라고 부른다.

좌절된 아메리칸 드림의 잔해 위에 점차 확대되고 있는 그리스도의 몸인 교회는, 베트남전쟁 같이 이 세상이 만들어 낸 잔혹한 결과들이 우리나라와 우리 자신, 우리의 믿음에 대해 던진 교훈들을 기억하도록 애써야 한다. 그렇게 할 때 우리는 분명 전과 같지 않을 것이다.

1
새로운 질서로서의 복음

순환의 고리 끊기

그러므로 우리가 이제부터는 어떤 사람도 육신을 따라 알지 아니하노라.…그런즉 누구든지 그리스도 안에 있으면 새로운 피조물이라. 이전 것은 지나갔으니 보라 새것이 되었도다. 모든 것이 하나님께로서 났으며 그가 그리스도로 말미암아 우리를 자기와 화목하게 하시고 또 우리에게 화목하게 하는 직분을 주셨으니 곧 하나님께서 그리스도 안에 계시사 세상을 자기와 화목하게 하시며 그들의 죄를 그들에게 돌리지 아니하시고 화목하게 하는 말씀을 우리에게 부탁하셨느니라. 그러므로 우리가 그리스도를 대신하여 사신이 되어 하나님이 우리를 통하여 너희를 권면하시는 것 같이 그리스도를 대신하여 간청하노니 너희는 하나님과 화목하라.(고후 5:16-21)

나는 북미에서 성장하면서 세상의 본질과 구조에 관해 알게 되었다. 이는 내게 지울 수 없는 인상을 남겼다. 급진적인 학생 운동과 반전 운동, 인권 운동과 빈민 운동에 뛰어들면서 그러한 인상은 더 깊어졌다. 그 시절 내가 끊임없이 맞닥뜨려야 했던 엄연한 현실을 나는 이 세상의 순환 고리라 일컫겠다. 인종차별과 가난, 전쟁이라는 눈에 보이는 악 이면에는 사물의 구조에 내재된 어떤 순환의 고리가 작동하는 듯하기 때문이다. 세상은 불법과 폭력, 착취와 조작, 이익과 권력 추구, 이기주의와 경쟁, 증오와 두려움, 고독과 상처라는 총체적 순환의 지배를 받는데, 이 순환의 최종적 의미는 죽음이다. 이 죽음의 도덕적 순환은 우리 삶의 도처에서 작동해 지금의 상황을 초래했다.

여느 운동가들처럼 나 역시 억압과 고통, 윤리 실종이라는 그 순환에 대항하기 위해 사회적·정치적 운동에 뛰어들었다. 하지만 우리는 그러한 순환의 고리를 끊기에는 너무나 역부족이었다. 우리가 할 수 있는 일이란 고작해야 그 순환의 고리를 거부하는 것이었다. 솔직히 말해, 우리의 삶과 우리가 뛰어든 대다수 운동은 그러한 순환의 실체를 드러내다가 결국 그것에 흡수되고 말았다. 미국 근대사를 살펴보면 그것에 저항했던 주목할 사회 운동들이 그것들로부터 스스로를 지탱할 든든한 버팀목이 없어 무너졌음을 금방 확인할 수 있다.

복음서를 읽던 중 이 세상에서의 죽음의 순환이 그리스도 안에서 끊어졌다는 대목을 발견하고 나는 숨이 멎는 듯했다. 신약성서에 따르면 복음은 죽음의 순환 고리에 의해 지배당하는 이 세상의 가치와 기준에 숨겨진 치부를 드러낸다. 현대 교회가 세상과 협력하고 공모하고 타협하며 관계를 맺는 반면, 복음은 이 세상 체제와 정면으로 충돌한다. 현실주의와 체면, 타당성에 대한 이야기가 현대 종교의 담론이지만 신약성서는 하나님 나라를 구하는 데서 비롯되는 포기와 불안정, 박해와 추방에 대해 먼저 말한다. 안락과 번영, 특권과 지위를 누리는 교회는, 하나님의 백성은 이방인, 거류자, 나그네, 방문객, 순례자라는 성서의 묘사와 날카로운 대비를 이룬다. "세상이 너희를 미워하면 너희보다 먼저 나를 미워한 줄을 알라. 너희가 세상에 속하였으면 세상이 자기의 것을 사랑할 것이나 너희는 세상에 속한 자가 아니요 도리어 내가 너희를 세상에서 택하였기 때문에 세상이 너희를 미워하느니라"(요 15:18, 19).

  신약성서 기자들은 인간과 체제들을 장악하는 이 세상의 순환 고리라는 권세가 예수 그리스도의 십자가와 부활에 의해 철저하게 깨졌다고 주장한다. 또한 성서 기자들은 세상의 파괴적 세력과 구조가 발휘하는 절대적 권세와 지배는 인간의 역사에 하나님 나라라는 전혀 새로운 질서가 들어오면서 종말을 맞았다고 말한다. 복음은 세상 체제를 지배하는 "통치자들과 권세들"의 원수인 하나님 나라에 온몸으로 충성할 것을 요구한다. 이 세상의 기준과 가치는 예수 그리스도 안에서 재평가되고 철저하게 뒤집힌다. 그리스도에게 헌신하려면 돈과 소유, 폭력과 전쟁, 힘과 지위, 성공과 리더십, 이데올로기와 국가와 맺는 관계를 근본적으로 바꿔야 한다. 그리스도와의 사귐은 개인들, 특히 가진 것 없는 사람들, 힘없는 사람들, 상처 입은 사람들, 버림받은 사람들, '원수'와 세상의 제도들에 의해 희생당한 사람들과 관계 맺게 한다. 나사렛에서 공적 생애를 시작한 예수는 자신이 이 땅에 온 의미와 관련해 다음과 같이 이야기하신다.

> 주의 성령이 내게 임하셨으니
> 이는 가난한 자에게 복음을 전하게 하시려고 내게
> 기름을 부으시고
> 나를 보내사 포로 된 자에게 자유를
> 눈 먼 자에게 다시 보게 함을 전파하며
> 눌린 자를 자유롭게 하고
> 주의 은혜의 해를 전파하게 하려 하심이라.(눅 4:18, 19)

그 나라에서는 목숨을 구하고자 하는 자는 목숨을 잃고, 나중 된 자는 먼저 되며, 높아지고자 하는 자는 모든 이의 종이 된다. 이것이 하나님 나라의 원리다.

신약성서가 선포하는 천국 복음을 성서 기자들은 '새로운 질서' '새로운 피조물' '새로운 세계' '새로운 시대'의 복음 등으로 다양하게 부른다. 예수는 새로운 시대가 왔음을 선포하면서 현 세대에서 우리가 이전에 충성하고, 집착하고, 안전을 추구하고, 당연시했던 것을 벗어 버리라고, 우리를 옭아매는 덧없는 세상의 기준들과 결별하라고 촉구하신다. 신약성서가 말하는 복음은 개인 구원과 개인적 성취 그 이상이다. 신약성서의 복음은 사회적 참여의 복음 그 이상이다. 신약성서의 복음은 개인 복음을 사회 개혁과 결합하려는 시도 그 이상이다. 신약성서가 말하는 복음은 현대 교회가 전하는 복음과도 다르다. 신약성서의 중심 메시지는 하나님 나라의 복음이다. 예수 그리스도 안에서 전혀 새로운 질서가 시작되고, 역사 속에서 공동체를 통해 그 질서를 입증하는 새로운 백성들이 탄생했다는 것이 신약성서의 메시지다. 신약성서가 선포하는 복음은 개인 복음도, 사회 복음도, 두 복음의 결합도 아닌 새로운 질서와 새로운 백성의 복음이다. 복음은 어떤 원리나 윤리, 도덕적 가르침 정도가 아니다. 복음은 한 사람과 그분의 오심을 드러내는 의미에 관한 것이다.

최초의 복음전도자들은 복음을, 화해와 새로운 창조를 가져오고 전에 백성들의 삶을 장악했던 이 세상 권세의 지배권을 빼앗아 무장해제시키며 "새로운 인류", 즉 성령을 힘입어 세상의 기준에 저항하고 그리스도에게 순종하는 삶을 사는 전혀 다른 공동체를 세운 예수 그리스도 안에서 하나님이 전하신 '기쁜 소식'이라고 말했다. 그렇기 때문에 그리스도를 따르려는 사람들에게 삶이란 이 세상의 순환을 고착화하는 것이 될 수 없다. 그리스도 공동체는 세상에서 죽음의 순환 고리가 끊어질 수 있음을, 실제로 그 순환 고리가 예수 그리스도 안에서 이미 끊어졌음을 구현하는 존재인 것이다. 사도 바울은 우리의 이전 상태를 "허물과 죄로 죽었으며 그때에 이 세상 풍조를 따르고 공중의 권세 잡은 자를 따랐다"라고 묘사했다. 그러나 이제는 하나님이 "우리를 그리스도와 함께 살리셨고" 그의 죽음과 부활 가운데 우리를 "그와 연합하게 하셨으며" 그리스도를 죽은 자 가운데서 다시 살리심으로 "우리 또한 새로운 생명 가운데서 걷게" 하셨다(엡 2장, 롬 5장).

신약성서는 그리스도 공동체를 함께하는 삶을 통해 이 세상의 순환 고리를 끊는 집단이라고 말한다. 이 공동체는 사람과 인종, 계급과 성을 억압하고 편 가르는 권세들을 무력화함으로써 막힌 담을 허시고 원수 된 것을 소멸하신 그리스도의 승리를 드러낸다(엡 2장).

> 너희는 유대인이나 헬라인이나 종이나 자유인이나 남자나 여자나 다 그리스도 예수 안에서 하나이니라.(갈 3:28)

그리스도 공동체는 우리를 억압하고 분열시키는 것들은 이제 실재하지 않음을 폭로하면서 죽음의 순환 고리가 끊어졌음을 증거한다. 그리스도 공동체는 새로운 차원의 생활방식을 통해 세상에 적극 참여함으로써 죽음의 순환이 더 이상 우리를 지배하지 못함을, 우리가 그리스도와 그분의 나라에 헌신할 때 우리의 삶과 사회에 새로운 가능성이 열릴 수 있음을 보여 준다.

죽음의 순환 고리를 끊고 인간의 삶을 장악하는 죽음의 지배를 끝낼 수 있을 가능성은 이데올로기적이고 철학적인 선택들에서는 결코 찾을 수 없다. 그렇기에 그리스도의 승리는 그리스도 공동체를 통해 역사 속에서 구체적으로 드러내야 한다. 세상에서 죽음의 순환을 고착화하고, 아니 오히려 그 순환 속에 들어가 있는 교회는 교회로서의 정체성을 잃은 것이다. 세상 제도의 순환을 지지하는 교회는 그리스도의 말씀에 불순종하고, 그리스도의 죽음과 부활의 의미를 깨닫지 못한 것이다. 교회가 세상 문화의 가치와 기준들을 받아들이고 가이사와 같은 세상의 권세들로부터 힘을 구걸한다면, 이는 그리스도를 십자가에 못 박았던 바로 그것들에 머리를 조아리는 것이므로 그리스도의 승리를 욕되게 하는 것이다. 교회가 세상과 공모하고 죽음의 순환에 순응한다면 이는 그리스도를 또 다시 십자가에 못 박는 짓이다.

우리는 그리스도의 주장과 요구를 타협 가능한 것으로 만들려는 고질적인 병을 앓고 있다. 신약성서는 제자가 되려는 사람들에게 그리스도의 요구는 타협의 대상이 아님을 분명하게 말한다. 세상 제도는 교회를 세상의 틀에 맞추고, 교회로 하여금 시류에 영합하게 하는 방식으로 교회를 넘어뜨리려 혈안이다. 그렇기 때문에 교회는 그리스도의 주장들을 축소하고, 복음의 요구들을 완화시키고, 교회와 세상 사이의 긴장을 누그러뜨리고, 급진적 메시지를 보다 부드럽고 기분 좋은 메시지로 바꾸라는 집요한 유혹에 맞서 싸워야 한다. 예수 그리스도께서 죽음의 집단적이고 개인적인 권력 행사와 지배를 끝내셨음을 확신한다면, 교회는 세상에서 그분이 승리하셨다는 표지와 증거가 되어야 한다. 새로운 질서의 증거인 이 믿음의 공동체는 사회적 합의와 정치적 순응, 사회의 통속적인 지혜와 충돌할 각오를 해야 하는 것이다.

> 이제 그리스도 예수 안에 있는 사람들은 유죄 판결을 받지 않습니다. 그리스도 안에서 산다는 새로운 영적 원리로 죄와 죽음의 옛 악순환에서 벗어났기 때문입니다.(롬 8:1, 2 필립스성경)

회개로의 부르심

> 회개하라. 천국이 가까이 왔느니라.(마 4:17)

예수의 오심은 언제나 회개와 철저한 변화라는 결과를 가져온다. 그리스도가 역사 속으로 들어오시면 사회적·정치적 격변을 일으키실 것이라는 주장의 기원은 하나님의 아들을 낳을 것이라는 소식을 듣자마자 마리아가 주님을 찬양하던 때로 거슬러 올라간다.

> 그의 팔로 힘을 보이사 마음의 생각이 교만한 자들을 흩으셨고, 권

세 있는 자를 그 위에서 내리치셨으며, 비천한 자를 높이셨고, 주리는 자를 좋은 것으로 배불리셨으며, 부자는 빈손으로 보내셨도다.(눅 1:51-53)

그리스도가 어렸을 적부터 집권자들에게 정치적 위험인물로 보인 것은 당연했다. 마태는 그리스도가 자신의 권력과 권세를 노리지 않을까 두려워한 헤롯이 갓난 아기들을 모조리 죽이라는 지시를 내리자 예수와 그분의 부모가 애굽으로 피신했다고 기록하고 있다. 그리스도의 길을 예비하면서 사람들에게 개인적이고 집단적인 죄를 회개하고 돌이키라고 촉구했던 세례 요한 역시 정치적 박해를 피할 수 없었다. 이것은 사회 지도층의 불법과 백성들의 죄에 하나님의 심판이 내려질 것이라고 담대히 선포하고, 들을 귀 있는 자들에게 회개하고 옳은 길을 걸으라고 촉구한 구약 예언자들이 걸었던 길이기도 하다.

회개하라는 촉구는 자신을 성찰하거나 방향 설정 능력을 상실한 미국 같은 고도의 기술 사회에서는 헛소리나 스캔들처럼 들릴 것이다. 죄에 찌든 백성과 국가는 자신들이 어떠한 상황에 처해 있는지 제대로 파악하지 못하는 법이다. 이것이 성서의 진단이다. 개인이든 국가든 독선과 교만에 빠지면 회개는 멀어지고, 체제에 순응하는 데 정신 없고 이미 정해진 게임 규칙에 따라 어떻게든 성공하려고 한다면 개인에게 책임을 묻는 일은 없어지게 마련이다. 인간의 잔인함과 도덕적 야만성에 대한 책임을 물으려 해도 "다른 사람들처럼 했을 뿐이다"라고 발뺌을 하거나 정치적 현실이나 경제적 필요 때문에 어쩔 수 없었다고 변명하려고 할 것이다.

자신의 양심을 점검하는 것은 괴로운 일이다. 우리는 언제나 문제의 원인을 우리 자신이 아닌 다른 곳에서 찾으려 한다. 자기성찰과 철저한 변화를 거부하는 것은 국가나 개인이나 한 가지다. 교회라고 해서 크게 다르지 않다. 하지만 자기 성찰과 철저한 회개야말로 복음의 핵심 메시지가 아니던가! 왕이신 주님의 요구를 따르고 삶의 방향을 바꾸라는 부르심이 성서의 메시지 아니던가!

예수는 사람들을 바로 이 회개와 제자도로 부르신다. 이 부르심이 그분의 사역의 중심이었기에 우리의 삶에서도 이것이 중심이어야 한다. 그러나 회개하고 방향을 바꾸라는 부르심에는 심각한 정치적 의미가 담겨 있다. '정치에 참여하는' 우리 그리스도인들이 이를 깨닫기까지 지금의 정치는 끔찍할 정도로 불안한 상태로 남아 있을 것이다.

회개를 나타내는 헬라어 '메타노이아'는 말 그대로, 형태를 바꾸거나 마음을 돌이키거나 전혀 새로운 정체성을 확립하는 것을 뜻한다. 메타노이아는 흔히 알고 있는 회개(repentance)보다 더 철저하고, 더 심오하고, 더 큰 삶의 변화를 뜻한다. 우리는 보통 회개를 죄책감이나 어떤 일에 대한 후회 정도로 생각한다. 그러나 메타노이아는 너무도 확고하고 극단적인 말로, 삶의 형태와 목적 자체가 완전히 바뀌고, 새로워지고, 태도와 성품이 달라지고, 방향이 전환된다는 변혁적 언어다. 클레런스 조던은 이 단어의 의미를 설명하면서 그것을 애벌레가 나비로 '탈바꿈'하는 것에 비유했다. 매우 적절한 비유다. 메타노이아와 탈바꿈을 뜻하는 단어 '메타모포시스'는 어원이 같기 때문이다.

예수는 하나님 나라에 들어가기 위해 겪어야 하는 변화에 대해 말씀하면서 이 강력한 단어 '메타노이아'를 사용하셨다. 예수의 오심은 새 시대, 곧 인류 역사에 새로운 질서가 들어오고 있다는 전조이기에 이 변화의 단어는 매우 강력하고 많은 것을 요구한다. 마태는 그리스도에 관한 이사야의 예언을 인용한다. "흑암에 앉은 백성이 큰 빛을 보았고 사망의 땅과 그늘에 앉은 자들에게 빛이 비치었도다." 이어서 그는 이렇게 기록한다. "이때부터 예수께서 비로소 전파하여 이르시되 회개하라(메타노이아). 천국이 가까이 왔느니라. 하시더라"(마 4:16, 17). 예수는 현재의 세상을 바꿀 새로운 질서에 참여하려면 구비되고 준비해야 한다고 말씀하신 것이다. 그분은 우리에게 생각하고 살아가는 방식을 철저하게 바꾸라고 촉구하신다. 하나님 나라가 지금 우리 위에 역사하고 있기 때문에 말이다.

하나는 다른 하나와 연결된다. 개인의 변화를 역설하면서 하나님 나라의 도래를 모른 체 할 수는 없다. 그렇게 하면 복음은 전적으로 사적인 일, 곧 개인의 '구원'에 관한 것일 뿐, 역사와 다른 사람들과는 아무런 상관이 없는 일종의 형이상학적 거래로 축소되고 만다.

거꾸로 하나님 나라를 이야기하면서 개인적인 죄를 회개하고, 그리스도에게 돌아오고, 삶을 철저히 바꿔야 함을 생략해서도 안 된다. 그렇게 하면 하나님 나라는 우리의 선한 의지와 수고로 만들 수 있는 유토피아적 꿈으로 세속화되고 만다. 예수는 사역을 시작하면서 하나님 나라의 새로운 질서가 도래했으니 철저히 변화하고 새로운 정체성을 확립해야 한다는 메시지를 던지셨다.

하나님 나라가 역사 속으로 침투하면서 맞닥뜨리는 새로운 질서는 지금 이대로의 세상과 우리 삶과는 전혀 다르기 때문에 그 나라에 들어가기 위해 우리는 예수가 말씀하시는 '거듭남'을 체험해야 한다. "진실로 진실로 네게 이르노니 사람이 거듭나지 아니하면 하나님의 나라를 볼 수 없느니라"(요 3:3). 그리스도의 빛이 세상에 비치매 우리가 어둠에서 빠져나와 완전히 새로운 질서로 들어갈 수 있게 되었다고 신약성서는 일관되게 증언한다. 회개로의 부르심이란 이전의 방식들을 뒤로 하고, 옛 질서를 대체하러 온 새로운 질서에 참여하기 위해 그리스도 안에서 변화를 준비하라는 뜻이다. 그 부르심에는 새로운 탄생, 새로운 생명, 전혀 새로운 생활방식의 변화가 포함된다(벧전 1, 2장). 여기서 가장 중요한 것은, 이 부르심은 헌신과 충성의 대상을 바꾸고 이전에 주인으로 섬겼던 모든 것에서 벗어나 그리스도를 섬기는 일로 전환하는 것이다. 그 부르심에 대한 응답이 메타노이아, 즉 회개를 체험하고, 자신의 삶과 사명을 통해 새로운 질서의 도래를 드러내는 사람들을 메시아 공동체에 편입시키는 것이다.

그러나 우리는 이를 두려워한다. 우리는 새로운 질서를 환영하는 듯하지만 마음은 옛 질서에 머물러 있기를 원한다. 옛 질서가 좋지는 않지만 그럼에도 우리의 안전을 거기에 위탁한다. "네 보물 있는 그 곳에 네 마음도 있느니라"(마 6:21). 입으로는 하나님 나라에 충성한다고 하면서 시류에 영합하고 가슴에 손을 얹고 국가에 충성을 다짐한다. 가이사와 그리스도 사이에서 아무런 고민 없이 둘 다 섬기기로 한다. 새 질서를 선포하지만 선뜻 이전의 우리의 삶을 전적으로 포기하지 못한다. "네가 이같이 미지근하여 뜨겁지도 아니하고 차지도 아니하니 내 입에서 너를 토하여 버리리라.…무릇 내가 사랑하는 자를 책망하여 징계하노니 그러므로 네가 열심을 내라 회개하라"(계 3:16, 19).

회개 없이 구원은 없다! 이것이 성서의 말씀이다. 회개 없는 구원이란 복음에는 없는 말이다. 신약성서는 회개를, 반드시 보여 주어야 할 무엇이라고 말한다. 회개하고 그리스도께 돌아온 사람들은 '회개에 합당한 열매를 맺어야' 한다(마 3:8; 행 26:20). 회개란 뒤를 돌아보지 않고 그리스도께 순종하는 길을 따르겠다는 결단이다.

신약성서의 복음은 응답을 요구한다. 우리는 그리스도 안에서 그들을 위해 결단을 내리신 하나님을 받아들이거나 거부하라는 도전을 받는다. 개인과 집단이 지은 죄, 세상 권세들 앞에 머리를 숙였던 이전의 생활방식, 예수 그리스도가 아닌 다른 대상을 주님으로 섬겼던 것, 이 모두가 회개의 대상이다. 회개는 감정 그 이상의 것으로 믿음으로 순종하고, 그리스도 안에서 동시에 이루어지는 용서와 해방을 특징으로 하는 신앙 공동체에 적극 참여하는 새로운 생활방식이다.

오늘날 복음 선포는 회개로의 부르심에 주의를 기울여야 한다. 신약성서에서 회개로의 부르심은 정치적 억압과 사회적 격변, 인간의 고통과 영적 무지라는 상황에서 울려 퍼졌다. 사회와 정치의 진공 상태에서 촉구하는 회개는 공허할 뿐이다. 회개로의 부르심은 우리가 처한 구체적 상황 속에서 일어나야 한다. 폭력과 물리적 힘이 목적을 이루는 수단이 되는 곳에서 회개로의 부르심은 "우리 발을 평강의 길로 인도"하는 복음을 온몸으로 선포하는 것이다(눅 1:79). 인종과 계급, 성을 이용해 사람을 억압하고 편을 가르는 현실 속에서 복음은 분열을 치유하고 막힌 담을 허물며 모든 사람이 화해의 손길을 내밀어 하나가 되는 새로운 공동체를 창조하는 그리스도의 십자가와 부활을 실천하는 것으로 드러나야 한다. 가진 자들의 욕심 때문에 수많은 사람들이 가난으로 내몰리고, 잘 사는 나라와 계층들이 맘몬을 신으로 섬겨 많은 사람들이 굶어 죽는 현실 속에서 복음은 사회와 경제를 뒤집는 혁명으로 선포되어야 하고, 교회는 가진 것 없는 자들을 섬기는 자로 부름 받아야 한다. 권력이 자신을 정당화하고 지도자들이 조작으로 자기의 지위를 영구히 보전하려는 오늘날의 정치 현실 속에서 복음은 섬김을 받으려 함이 아니라 도리어 섬기려 하고 자기 목숨을 많은 사람의 대속물로 주기 위해 오신 메시아를 증언해야 한다(마 20:28). 처음 선포되었던 그대로 복음은 "회개하라. 천국이 가까이 왔느니라"라고 오늘날에도 선포되어야 하는 것이다.

제자 만들기

> 하늘과 땅의 모든 권세를 내게 주셨으니, 그러므로 너희는 가서 모든 민족을 제자로 삼아 아버지와 아들과 성령의 이름으로 세례를 베풀고, 내가 너희에게 분부한 모든 것을 가르쳐 지키게 하라. 볼지어다. 내가 세상 끝 날까지 너희와 항상 함께 있으리라.(마 28:18-20)

마태복음 말미에 기록되어 있는 이 지상명령은 그리스도를 따르는 자들에게 모든 민족으로 "제자를 삼고" 그리스도가 분부한 모든 것을 "가르쳐 지키게" 하라고 지시한다. 제자들은 모든 권세를 받고 세상과 죽음의 잔인한 순환 고리를 깨뜨리고, 우리의 역사에 하나님 나라라는 전혀 새로운 질서를 시작하고, 예수 그리스도의 이름으로 신실한 백성을 불러내어 예수 자신이 세상 끝날에 몸소 완성하실 그 나라의 역동적인 일원이 되어야 한다.

현대 복음전도의 비극은 믿음에 대해서는 많은 말을 하는 데 반해, 순종에 대해서는 적게 말한다는 점이다. 믿음과 순종을 별개로 다루면서 복음은 혼탁해지고, 전도자는 선포의 능력과 권세를 잃어버렸다. 복음전도자는 이제 사람들에게 모든 것을 버리고 그리스도를 따를 것인가를 묻지 않고 그리스도에 관해 무엇을 믿는가를 묻는다. 이렇게 믿음의 신학이 믿음의 삶과 완전히 동떨어질 때 삶의 변화보다 교리에 치중하는 복음전도가 등장한다. 복음이 편안한 신앙과 단순한 공식이 되면서 그리스도에 대한 순종은 이제 타협 가능한 대상으로 전락하고 말았다. 그리스도의 급진적 요구는 느슨해졌고 제자도의 대가를 거리낌없이 은폐하는 현대의 복음전도로 인해 교회의 기억에서 아예 사라졌다. 오늘날 대다수의 복음 선포에는 제자 삼는 일이 빠져 있기에 교회는 그리스도가 맡기신 사명을 감당할 수 없게 되었다. 복음을 선포할 때 '제자 삼는' 능력을 전혀 드러내지 못하는 것, 이것이 오늘날 교회의 슬픈 자화상이다. 신학 노선과 교리 문제에만 열을 올릴 뿐 그리스도가 분부한 것을 가르침으로써 그분의 말씀을 있는 그대로 어떻게 전해야 하는지에 대해서는 무지하기만 하다. 기득권층의 마음을 불편하게 하고, 왜곡된 것들은 조목조목 지적하고, 기성 질서를 혼란스럽게 하고, 국가 권력과 정책을 비판하고, 기성 경제 체제와 그 성격에 문제를 제기하고, 종교적 기득권을 포기하는 것은 복음 선포에서 교묘히 배제된 결과, 복음이 빠진 복음전도가 성행하게 되었다.

  세상에 순응한 이 복음전도는 사회를 지배하는 사회적 · 경제적 · 정치적 가치를 뒤흔들기는커녕 그러한 가치들의 틀과 결의 안에서 작동한다. 그 결과로 교회는 국가의 수혜를 입고 대중의 인기를 얻기까지 한다. 복음을 개인 윤리와 사적 구원으로 제한한 교회는 이제 가진 자와 힘있는 자들의 친구이자 영적 조언자, 국가의 목표와 운명과 일체가 되는 명예로운 종교 지도자가 이끄는 종교 단체가 되어 버린 것이다. 정치 지도자들이 자신들의 이익에 기여하는 종교적 관심사는 지지하는 반면, 체제를 위협하는 종교적 확신을 억압하는 것은 오늘만의 비극이 아니다. 체제 순응적 종교는 혜택을 받고, 그 종교의 지도자는 등용되어 활동을 보장받는 반면, 체제 비판적 종교는 "정치에 간섭한다"는 비난을 받는다. 복음에서 정치적 의미를 아무렇지도 않게 제거하고, 불법과 억압에 아무런 비판도 하지 않으며, 예언자적 선포와는 거리가 먼 개인주의적 메시지를 전하는 교회 지도자들과 복음전도자들에게 국가는 종종 '종교의 자유'라는 선물을 선사한다. 그러나 복음이 인간의 삶과 사회라는 광범위한 문제와는 무관하다고 말하는 것은 성서적 책임을 회피하는 것일 뿐 아니라, 교묘하게 그리스도를 하찮은 분으로 만드는 것이다.

제자 삼으라는 성서의 명령을 방해하는 요소는 다양하다. 예컨대 사람들의 삶을 정말로 변화시키는 진짜 그리스도는 필요 없다고 말하는 세속적인 신학이 그렇다. 그리스도 안에서 가능케 된 하나님의 은혜를 선포하는 것만이 제자 삼는 것이라고 여기는 건전한 교리를 믿고 있으면 된다고 생각하는 신학도 문제다. 우리 앞에는 복음 선포를 완전히 포기한 사람들이 있는가 하면, 하나님 나라라는 좋은 소식 대신 불완전한 복음을 선포하는 사람들도 있다.

오늘날 대다수의 교회는 하나님의 은혜를 말하면서도 절대적 순종과 급진적 제자도를 실천하라는 신약성서의 요구에 침묵하고 있다. 오래전 제자도의 대가를 치르지 않는 "값싼 은혜"의 위험성을 경계했던 디트리히 본회퍼의 경고는 지금도 여전히 유효하다. 우리가 전하는 복음이 이 세상의 문화와 이데올로기를 답습하다가 생기를 잃는 일들이 비일비재한데, 복음에 대한 성서적 비전과 복음의 변화시키는 능력을 확연히 드러내지 않는 백성은 결국 망하고 말 것이다. 살아 계신 그리스도께서 우리를 해방시키고, 우리를 갱신시키시고, 우리의 마음과 정신과 삶을 변화시킬 수 있도록 순응주의자의 행태와 기득권, 이데올로기적 요구를 단호하게 거부하고 행동으로, 필요에 따라서는 말로 복음을 전하는 것이 우리의 가장 중요한 일이 되어야 한다.

간단히 말해, 지금 우리는 제자를 만들어 내는 복음을 선포하고, 그 복음을 드러내기 위한 싸움을 하고 있는 것이다. 복음의 영적 측면이나 사적 차원을 강조하되 그리스도께서 분부하신 모든 것에 철저히 순종하는 것을 중요시하지 않는 메시지와, 복음의 영적 능력을 부인하는 방식으로 복음을 세속화하는 것 모두에 우리는 저항해야 한다. 세상의 포로가 되어 기성 사회와 정치 질서에 아무런 위협이 되지 않는 시민종교가 사람들 입맛에 맞게 복음을 변질시키려는 집요한 유혹에 우리는 맞서 싸워야 한다. 대신 우리는 생명, 해방, 치유, 온전함, 정의, 화해의 메시지를 통해 지금 도처에서 행해지는 억압과 죄, 죽음의 권력과 정면으로 대결하시는 예수 그리스도의 왕 되심을 생생하게 증언하기 위해 투쟁해야 한다.

우리가 전하는 복음은, 예수 그리스도가 용서하고 화해시키고 새롭게 창조하는 구세주이자 주님이시라는, 파괴와 죽음의 세력을 물리치고 승리를 확증하신 그분의 십자가와 부활을 전하는, 전에는 들어보지 못한 새로운 공동체, 곧 그리스도 안에서 하나가 되고 성령의 능력에 힘입어 새로운 질서와 특성에 따라 사는 새로운 사회를 알리는 하나님의 기쁜 소식이다. 따라서 그리스도의 오심은 새로운 시대와 새로운 탄생, 새로운 백성 됨을 전한다. 교회의 복음전도는 이 모든 것을 분명히 가시화해야 한다. 복음이 성육신적 실재를 지니려면 메시지는 역사에서 구체적 모습과 형태를 띠어야 한다. 교회가 복음전도의 온전함을 회복하려면 복음의 개인적·사회적·정치적·경제적·지구적·우주적 의미를 회복하는 것은 물론이고 그것을 분명하게 천명해야 한다.

나는 믿습니다.
외교 정책이 나를 구원할 수 없음을
성혁명이 나를 구원할 수 없음을
국민총생산량이 나를 구원할 수 없음을

> 핵 억지력이 나를 구원할 수 없음을
> 정치가들, 사제들, 예술가들, 건축가들
> 도시계획가들, 사회학자들이 나를 구원할 수 없음을.
> 바티칸도, 세계불교연합도
> 히틀러도, 잔 다르크도
> 천사나 대천사나 통치자나 권세도 나를 구원할 수 없음을.
> 오직 예수 그리스도만이 나를 구원할 수 있음을.
>
> _다니엘 베리건

그리스도께서 주신 구원은 구속하고 억압하는 모든 굴레에서 인간을 해방시키고 '새로운 생명의 길을 걸을' 수 있도록 하는 선물이다. 그리스도에 의해 우리는 소외된 삶, 이기심이라는 멍에, 사회·정치 질서의 우상화, 통치자와 권세의 억압적 통치, 오만한 국가들의 주장, 그리고 죽음의 도덕적 권위로부터 자유하게 된다. 믿음이란 죽음이 지배하는 세상 속에서도 하나님이 은혜로 거저 주신 생명이라는 선물을 기뻐하는 것이다. 믿음이란 그리스도를 따름으로써 제자도를 실천하라는 부르심, 즉 새 생명과 자유를 드러내라는 명령을 매순간 순종함으로써 반응하는 것이다. 믿음으로의 부르심과 제자도로의 부르심은 하나인 까닭에 이 둘은 결코 분리되지 않는다.

> 이에 예수께서 제자들에게 이르시되, 누구든지 나를 따라오려거든 자기를 부인하고 자기 십자가를 지고 나를 따를 것이니라. 누구든지 제 목숨을 구원하고자 하면 잃을 것이요 누구든지 나를 위하여 제 목숨을 잃으면 찾으리라. 사람이 만일 온 천하를 얻고도 제 목숨을 잃으면 무엇이 유익하리요.(마 16:24-26)

신약성서의 '젊은 부자 관원' 이야기는 예수가 제시한 구원의 기준이 오직 하나임을 보여 주는 대표적 사례다. 무조건적 충성 말이다. '재물이 많아' 제자도의 요구가 부담스러웠던 그 부자 관원은 제자의 길에서 발길을 돌렸지만, 그가 오늘날 교회에 들어오려고 했다면 부러움과 존경의 대상으로 여겨졌을 것이다. 그러나 예수는 달랐다.

> 예수께서 이르시되, 네가 온전하고자 할진대 가서 네 소유를 팔아 가난한 자들에게 주라. 그리하면 하늘에서 보화가 네게 있으리라. 그리고 와서 나를 따르라.(마 19:21)

젊은이가 근심하며 돌아가자 예수는 제자들에게 부와 재물이 제자도에 있어 얼마나 큰 걸림돌인지를 설명하셨다.

> 예수께서 제자들에게 이르시되, 내가 진실로 너희에게 이르노니

> 부자는 천국에 들어가기가 어려우니라. 다시 너희에게 말하노니, 낙타가 바늘귀로 들어가는 것이 부자가 하나님의 나라에 들어가는 것보다 쉬우니라.(마 19:23, 24)

가난한 자들에게서 부를 취했던 세리 삭개오의 회심(눅 19:1-10) 또한 매우 인상적이다. 삭개오 이야기의 핵심은, 주일학교 아이들에게 흔히 가르치듯이 키 작은 삭개오가 뽕나무에 올라갈 만큼 예수를 간절히 보고 싶어 했다는 것이 아니다. 이 이야기의 핵심은 삭개오가 회개하고 예수를 영접하고는 가난한 자들에게 그가 빼앗았던 것을 돌려줬다는 것에 있다. 억압적 경제 구조에 편승해서 이득을 보려는 부유한 나라는 젊은 부자 관원들과 가난한 자들을 등쳐먹는 세리들의 천국일 뿐이다. 그렇다면 회개로의 부르심과 하나님 나라의 복음이 오늘 우리에게 주는 메시지는 무엇인가?

현대의 복음전도는 회개하고 교회에 출석하는 사람들의 숫자에만 온통 관심이 쏠려 있다. 삶의 방향을 전환하라는 그리스도의 요구가 얼마나 엄중한지에 관해서는 좀처럼 말하지 않는다. 물질적인 성공에만 매달려 있다보니 복음이 우리에게 요구하는 것은 축소되고, 제자도의 의미는 빛이 바라고, 복음 메시지는 사람들의 입맛에 맞게 수정되었다. 르네 빠디야는 스위스 로잔에서 열린 세계복음화대회에서 이를 다음과 같이 명확히 설명했다.

십자가의 복음은, 그리스도께서 너무 많은 것을 요구한다는 이유로 사람들로부터 그분을 외면당할 것이며, 숫자가 줄더라도 그런 사람들을 교회는 절대 받아들이지 않아야 한다고 분명히 말한다. 이것이 예수가 젊은 부자 관원과(막 10:17-22) 대중의 인기를 한 몸에 받았을 때(눅 14:25-32) 그분이 군중에게 보였던 방식이었다! 복음을 반쪽짜리로 만들어 스스로 복음을 부인하는 교회가 양적으로 성장한들 아무런 의미가 없다. 복음을 불구로 만드는 교회가 성장할수록 배교자는 늘어날 것이기 때문이다.

빠디야는 계속해서 말한다.

복음전도자의 과제는, 복음을 많은 사람들이 받을 수 있도록 쉽게 만들어 사람들의 호응을 끌어내는 것이 아니라 복음을 명확히 설명하는 것이다. 예수나 그분의 제자들이 개종자를 만들기 위해 복음의 요구들을 축소한 적은 한번도 없었다. 값싼 은혜가 아닌 회개로 이끄는 제자도만이 하나님의 자비의 굳건한 토대를 제공한다. 사람들의 비위를 맞추기 위해 복음을 시대에 맞게 변질시키는 것은 기독교 구원의 본질, 즉 구원이 인간의 일이 아니라 하나님의 은혜임을 잊어 버린 것이다.

그리스도께 충성하려면 복음의 급진적 요구를 있는 그대로 받아야 한다. 여기에서 조금이라도 벗어나면 그리스도께 그리고 복음이 요구하는 헌신의 본질을 명확히 이해하지 못한 채 반응하게 될 사람들에게 해를 끼치는 것이다. 값싼 회심은 죄인에게 '예'라고 말하는 대신 죄에 '예'라고 말하는 중대한 실수를 저지르게 한다. 하나님의 은혜는 죄인을 의롭다 하지 결코 죄를 의롭다 하지 않는다. 본회퍼의 예언자적 말을 빌리자면 "값싼 은혜는 교회의 철천지 원수다.…은혜가 값비싼 이유는 우리에게 예수 그리스도를 따르라고 촉구하기 때문이다. 은혜가 값비싼 것은 목숨을 내어놓아야 하기 때문이다. 은혜가 은혜인 것은 은혜가 유일하고도 참된 생명을 주셨기 때문이다."[1] 하나님이 희생을 치르고 주신 구원은 값싼 회심으로 주어지는 것이 아니다.

오늘날 교회에 만연되어 있는 구원론의 가장 큰 약점은 하나님 나라에 대해서는 한마디 말도 하지 않고, 개인이 누리게 될 구속과 칭의에만 관심을 둔다는 점이다. 하나님 나라와 그 나라의 도래에 관심을 두기보다는 하나님과 어떻게 하면 좋은 관계를 가질 수 있는지에만 집중하고 있는 것이 오늘날 실패한 복음 선포의 모습이다. 죄를 씻기 위해 희생제물이 되신 그리스도가 강조될 뿐, 이 세상의 규범과 구조와 정면으로 충돌하는 새로운 질서를 역사 속으로 가져오신 그리스도는 뒷전으로 밀려나 있다. 복음의 핵심인 하나님 나라의 도래가 현대 복음전도에서는 홀대를 받고 있는 것이다. 하나님 나라를 복음의 중심으로 삼지 않는 기독교는 그 핵심과 통합적 구심점을 잃은 것과 마찬가지다. 개인의 변화와 구속을 하나님 나라에 적극 참여하는 것과 별개로 간주하면, 복음은 그저 자신의 안녕과 기득권을 유지하기 위한 수단으로 전락하게 된다.

그리스도 안에서 가능하게 된 용서와 화해는 충성의 대상이 하나님 나라로 전환되어 헌신과 뗄 수 없는 관계가 된다. 실제로 그리스도의 구속과 화해 사역에 대한 믿음은 그 나라에 대한 순종과 생생하게 결합한다. 그리스도의 죽음과 부활을 통한 죄사함과 칭의는 다가올 하나님 나라에 대한 믿음과 그 나라에 참여하는 것과 유기적으로 연결되어 있다. 하나님 나라에 대한 충성과 증언을 도외시한 개인 구원은 반쪽짜리 복음인 것이다. 거꾸로 그리스도 안에서 성령의 능력을 통한 개인의 변화와 거리가 먼 하나님 나라에 대한 믿음은 복음의 변혁적 능력이 빠져 버린 공허한 소망일 뿐이다. 개인의 삶 속에서 이루어지는 그리스도의 역사는 그리스도 안에서 세상 속으로 침투한 새로운 질서에 참여할 수 있는 근거와 가능성을 제공해준다. 그리스도인이 된다는 것은, 하나님 나라의 소유가 되어 그 나라의 다스림을 받는다는 뜻이다. 우리는 구원을 순전히 개인적인 사건으로 이해해서는 안 된다. 오히려 각 개인이 역사 속에서 각자의 역할을 감당하는 세계적 사건으로 이해해야 한다. 하나님 나라는 예수 그리스도 안에서 하나님의 능력으로 세상과 세상에 있는 우리들을 변화시키기 위해 도래했다. 그리스도의 십자가는 죄사함의 상징일 뿐 아니라, 그리스도 안에서 세상으로 침투한 새로운 질서의 수단인 우리의 삶의 방식이자 정의다.

오늘날 구원의 개념이 이렇게 뒤틀린 것은 교회에 슬며시 들어온 개인주의 탓이 크다. 개인주의는 구원에 대한 성서적 이해와 정면으로 충돌한다. 성서에서 개인의 현실은 사회적·역사적 현실과 결코 분리되지 않는다. 이 두 가지 현실을 별개로 취급하는 것은 도덕적 파행을 자초하는 일이다. 미군의 폭격으로 가족이 몰살당할지 몰라 두려움에 떨던 한 베트남 어머니의 모습은 '정치적' 이슈가 되었지만 기독교는 이에 대해 아무런 생각을 갖지 않았다. 소수 인종에 대한 억압과 핍박은 '사회적' 이슈가 된 지 오래되었지만 교회는 이 문제에 아직까지 무관심으로 일관하고 있다. 가진 것 없는 사람들의 궁핍과 박탈은 '경제적' 이슈가 되었지만 그리스도인들은 그것이 자신들의 개인적 소비와 생활방식, 경제 생활과 아무런 관계가 없다고 생각한다. 이와 같은 '사회적 문제들'이 이 문제들로 고통당하는 당사자들에게는 절실한 현실임을 우리는 잊고 있다. 전쟁과 인종차별, 가난의 희생자들이 이런 문제와 그 결과들을 뼈저리게 경험하고 있는 데 말이다.

백인 사회만이 인종차별을 사회적인 문제로 간주할 수 있듯이 가진 자들만이 가난을 경제적인 문제로 간주할 수 있다. 전투적인 국가만이 자신의 파괴적인 정책들을 정치적인 이슈로 이해할 수 있는 것이다. 성서적으로 우리의 고통은 철저히 영적인 문제이며, 세상이 그 고통으로 인해 야기되는 문제들에 어떤 꼬리표를 붙이든 하나님의 백성에게는 긴박한 윤리적 문제이기도 하다. 그리스도와 관계를 맺을 때 개인들과 개인이 처한 삶의 정황들은 결코 남의 일이 되지 않는다. 형제자매들을 나 몰라라 하는 구원은 성서에는 존재하지 않는다. 옭아매고 억압하는 모든 것, 사람들을 종노릇 하게 만들고, 그들을 향한 하나님의 계획을 방해하는 모든 시도에 대해 성서적 백성들은 관심을 가져야 한다.

성서를 개인적인 시각에서 볼 때 구원은 개인의 성취와 이기심을 지향하고, 행복과 성공을 보장하고, 도덕적 정당화와 소비해야 할 하나의 상품으로 전락하고 만다. 어떤 복음전도자들은 여기에 덧붙여 재정적 성공과 축복, 자기 개발과 존경받는 공동체, 원만한 성품과 사회적 평판, 그리고 '구원받아' 하나님의 마음을 얻는 훌륭한 시민 의식이라는 애국적 덕목 등을 약속하기도 한다. 복음을 사적인 관점에서 이해하는 보수적 그리스도인들은 기독교가 세상 역사 속으로 침투한 천국 복음의 집단적·사회적·정치적·경제적·지구적·우주적 의미와는 아무런 상관없는 개인의 마음이나 영혼에만 영향을 미친다는 왜곡된 주장을 되풀이한다. 복음이 한낱 개인적이고 실존적인 개념으로 축소될 때, 기독교는 종교를 사회화와 사회적 조정, 순응을 촉진하는 기성 체제의 부속물로 전락시키려는 거대한 사회적·정치적 세력의 먹잇감이 되고 만다.

그렇기 때문에 복음전도는 새로운 질서가 우리 가운데 임했으며, 우리에게 이전의 사고방식과 생활방식을 버리고 예수 그리스도께 돌아와 새로운 삶의 방식을 받아들이고, 새로운 공동체 안에서 교제할 것을 촉구하는 '복된 소식'의 선포여야 한다. 오늘날 우리의 삶과 사회가 직면한 중대한 이슈들을 교회가 민감하게 인식하지 못한다면 우리의 복음전도 이해는 피상적이 될 것이다. 복음은 복음을 삶으로 살아내고 말로 선포해야 하는 상황을 초래하는 이 세상의 중대한 질문과 사건들과 동떨어진 진공 상태에서 전해지는 것이 아니기 때문이다. 복음전도는 죄의 세력이 곳곳에서 기승을 부리는 것만큼이나 광범위하게 이루어져야 한다. 죄와 죽음이 개인은 물론이고 제도와 정치, 경제에서도 정체가 폭로되듯이 우리는 복음전도를 통해 죄와 죽음의 개인적이고 집단적인 성격과 사회적 차원에 당당히 맞서야 한다.

교세 확장에만 혈안이 된 현대 복음전도는 사람 숫자는 늘렸을지 모르지만 긍휼의 마음은 잃어 버렸다. 그리스도를 가볍게 여겨 복음을 개인적이고 사적인 '종교적' 문제들로 제한한 잘못에 대한 책임이 오늘날 대다수의 복음전도자들에게 있다. 그런 식의 전도는 하나님 나라의 일꾼으로서 그리스도께 온몸으로 순종하는 '제자'를 삼는 구원을 제공하지 못한다. 우리의 전도는 복음과 그리스도의 주 되심의 의미를 깊이 추구하는 것으로 바뀌어야 한다. 오늘날 교회는 오히려 그 자신이 전도의 대상이 되어 하나님 나라의 복음이라는 기쁜 소식을 끊임 없이 상기해야 하는 상태가 되었다.

기독교적 회심은 결코 정적이지 않다. 오히려 우리는 "두렵고 떨

림으로 우리의 구원을 이루어야" 한다. 우리는 하나님의 뜻과 예수 그리스도 안에서 가능케 된 화해를 향해 계속 나아가야 한다. 복음은 "만물을 새롭게" 하는 살아 계신 그리스도의 이야기다. 우리의 복음전도의 진정성은 우리의 메시지가 복음만큼 급진적이냐 하는 것으로 검증되어야 한다. 우리는 지금 그리스도의 요구를 부드럽게 하고, 제자도에는 치러야 할 대가가 있음을 가르치고, 삶으로 보여 주기보다 사람들로 하여금 그저 '결단'하도록 설득하고 있지는 않은지 점검해봐야 한다. 우리는 복음이 우리의 삶에 급진적인 요구를 하고, 우리의 삶이 전향되게 하기보다는 복음을 평판이 좋고 자기만족적인 어떤 것으로 만들고자 애쓰고 있지는 않은가? 회심의 질은 회심의 온전함으로 결정된다!

그리스도께 돌아왔다고 해서 모든 것이 끝난 것이 아니다. 그와는 반대로 자기 십자가를 지고, 굶주린 자들과 함께 나누고, 병든 자들을 돌보고, 가진 것 없고 억압받으며, 연약하고, 상처 입은 소외자들의 친구가 되고, 화평케 하는 사람들을 축복하고, 정치범이자 체제 전복자로 몰려 처형당한 그리스도를 따라나서라는 부르심을 그리스도인들은 받았다. 다른 그리스도는 없다. 다른 그리스도를 전하고, 다른 그리스도를 섬기며, 성육신하신 하나님이 아닌 다른 그리스도를 예배하는 것은 인간의 모습을 한 우상을 예배하는 것이다. 머리둘 곳 없는 우리는 베드로처럼 삶을 위해 신약성서의 그리스도를 붙들어야 한다.

지상명령에 순종하는 복음전도는 개인적·공동체적·정치적·경제적 가치와 관계에서 근본적이고 의미 있는 변화를 만들어 낸다. 그러한 복음전도는 복음의 개인적 측면과 집단적 측면을 결코 분리하지 않는다. 그러한 복음전도는 이 패역한 세대에 임할 하나님의 심판을 선포하고, 새로운 질서와 새로운 백성의 출현을 약속한다. 인류가 구원받아야 한다는 사실을 말하기 위해서는 무엇보다 하나님 나라가 이 땅에 임하길 힘써야 한다. 따라서 현대인에게 복음을 전하기 위해서는 새로운 전도 방법이나 기술이 아니라, 먼저 교회가 회개해야 한다. 곧 자기 자신과 국가, 이데올로기와 체제, 운동과 정치, 경제적 욕구와 시류에 영합하려는 순환의 고리에서 해방된, 곧 하나님 나라를 섬기기 위해서 해방된 사람들의 공동체인 교회는 복음으로 시선을 되돌려야 한다.

새로운 생활방식

예수는 새로운 질서의 시작을 선포하고 회개를 설교한 후, 즉시 "나를 따라오라. 내가 너희를 사람을 낚는 어부가 되게 하리라"라며 제자들을 부르셨다. 그 부르심은 절대적 충성과 순종하는 믿음을 요구하는 부르심이었고, 그 부르심을 들은 사람들은 "곧 그물을 버려두고 예수를 따랐다." 언제나 그렇듯, 그리스도를 따르겠다고 진정으로 작심하게 되면 이전의 안전 장치들과 집착들은 버리게 된다. 복음을 위해 삶을 '버리는' 것이 삶을 '얻는' 길임을 알기 때문이다. 그리고 나서 예수는 병든 자들을 고치고, 하나님 나라의 복음을 전파하며, 당신의 새 질서 안에 있는 삶이 어떻게 세상의 사고방식과 가치와 충돌하는지 설명하신다.

야고보는 살아 있는 믿음과 죽어 있는 믿음의 차이를 명쾌히 설명했다. 죽은 믿음은 열매를 맺지 못하고 변화되었다는 아무런 증거를 제시하지 못한다. 믿음을 판단하는 기준은 단순히 교리와 신조에 동의하느냐가 아니라, 삶을 통해 복음을 증언하고 있느냐이다. 누가복음에는 예수께서 자신을 입으로는 주라고 부르면서 실제로는 순종하지 않는 자들을 엄히 꾸짖는 대목이 나온다. "너희는 나더러 주님, 주님 하면서 왜 내 말은 행하지 않느냐?" 마태복음에서 예수는 자신의 이름은 부르지만 삶에서 순종의 열매를 맺지 못하는 자들에게 재차 경고하신다.

> 나더러 주여, 주여 하는 자마다 천국에 다 들어갈 것이 아니요, 다만 하늘에 계신 내 아버지의 뜻대로 행하는 자라야 들어가리라. 그 날에 많은 사람이 나더러 이르되 주여, 주여, 우리가 주의 이름으로 선지자 노릇하며 주의 이름으로 귀신을 쫓아내며 주의 이름으로 많은 권능을 행치 아니하였나이까 하리니. 그때에 내가 저희에게 밝히 말하되 내가 너희를 도무지 알지 못하니, 불법을 행하는 자

1. 새로운 질서로의 복음

들아 내게서 떠나가라 하리라.(마 7:21-23)

이어서 예수는 자신의 말을 듣기만 하고 행하지 않는 자는 그 집을 모래 위에 지은 어리석은 사람이라고 말씀하신다.

입이나 머리로 그리스도를 믿는 것으로는 충분하지 않다. 그보다 더 분명한 신앙고백이 필요하다. 그리스도의 제자란 자신의 믿음을 입으로, 자신의 신앙을 논리로 드러내는 사람이 아니라, 삶으로 예수의 나라를 세우는 사람이다. 제자도의 진정성은 세상의 것을 사랑하고 불신자들이 관심 갖는 안전 장치들에 연연하느냐 아니면 그리스도 안에서 그의 나라를 먼저 구하느냐로 검증된다(요일 1장; 눅 12장). 그렇기 때문에 예수는 자신을 따르기 전에 먼저 그 대가를 충분히 계산하라고 말씀하셨다(눅 14:26-35).

산상수훈은 하나님 나라의 선언이자 예수 그리스도 안에서 시작된 새로운 질서의 의미를 밝히는 요약이다. 이 가르침은 이성과 현실주의, 책임의 일상적이고 평범한 규범들과 첨예하게 대립한다. 우리의 통념을 뛰어넘는 산상수훈 메시지는 그리스도에 의해 시작된 새로운 질서의 유일성을 명백하게 선언한다. 산상수훈은 행복하고 성공적인 삶에 대한 처방이 아니라 다가올 박해에 대한 예고인 것이다. 산상수훈은 이 세상에 속한 사회가 수용할 수 있는 규범이 결코 아니다. 그것은 예수 그리스도에 의해 삶의 방향이 바뀐(메타노이아) 사람들이 어떻게 살고, 어떻게 행동해야 하는지에 대한 기술이다. 여기에는 그리스도께 순종하면 어딜 가든지 소수자가 될 것이라는 가정이 깔려 있다. 또한 그러한 삶의 방식은 어떤 사회 제도나 정치 제도에서든 격렬한 변화를 불러일으킬 것이라는 전제도 깔려 있다. 그리고 그것이 가져온 사회적 격변은 세상의 여러 제도들로 인해 희생당하고 박탈당한 사람들을 지향한다. 그리스도를 따르는 삶은 돈과 명성, 힘과 권세, 안전과 안녕, 가난한 자들과 원수를 대하는 사회 제도나 정치 질서의 방식에 엄청난 충격을 가한다. 산상수훈에 기술된 그리스도인의 삶의 방식은 실용적이고 효율적인 것과는 거리가 멀다. 오히려 하나님이 우리를 사랑하지 않는다면, 그리스도가 우리의 구주와 주님이 되지 않는다면 우리의 삶의 방식은 어리석기 짝이 없다는 것이 산상수훈의 말이다.

복음의 진리와 능력을 검증할 때, 그리스도인으로서 이 세상을 어떻게 살아야 하느냐는 무엇보다 중요한 질문이다. 믿음의 내용과 삶의 방식이 일치하는지를 따지지 않는 신학과 교리는 아무런 쓸모가 없다. 자끄 엘룰은 새로운 삶의 방식의 시급성에 대해 다음과 같이 말한다.

> 오늘날 기독교가 세상과 접촉하기 위해서는 경제와 정치에 관한 문제에 어떤 이론이나 사상을 정립하기 보다는, 새로운 생활방식을 만들어 내는 것에 최우선순위를 두어야 한다.[2]

기독교적 선언은 그리스도인의 일상적인 삶의 현실에서 구현되어야 한다. 엘룰은 오늘날 그리스도인들에게서 이러한 기독교적 삶의 방식을 찾아보기 어렵다고 개탄하며 이것의 가장 큰 문제는 그리스도인들에게 생활방식이 없다는 것이 아니라, 오늘날 그리스도인의 생활방식이 세상과 구별되지 않는다고 말한다. 오히려 이 세상의 지배적인 가치들을 드러내는 생활방식이 교회에 만연해 있다고 말이다.

> 그리스도인들이 개인적 미덕은 갖추고 있을지 모르지만, 그들만의 생활방식이란 존재하지 않는다. 정확히 말해, 그들은 자신들이 속해 있는 사회가 그들에게 준 사회적 조건들, 즉 계층, 국가, 환경으로부터 부여받은 것 말고는 그들만의 생활방식이란 건 없다. 아니, 그들의 생활방식은 자신들의 영적 조건에 의해서가 아니라, 자신들이 처한 이 세상의 정치적 혹은 경제적 조건에 의해 형성된 것들이다.[3]

이렇게 그리스도인이라는 정체성보다 우리를 둘러싼 세상의 조건들에 의해 우리의 생활방식은 더 많은 영향을 받고 있다. 이는 결코 가볍게 넘어갈 문제가 아니다. 시류에 편승하는 분위기가 만연되어 있는 오늘날, 자신들의 생활방식을 복음으로 형성하기는커녕 비신앙적인 것에 근거한 자신들의 삶을 오히려 종교적으로 지지하고 정당화하고 있는 그리스도인들이 많아지고 있기 때문이다.

기독교적 생활방식은 이 세상의 조건과 세상이 기정 사실화한 것과 관계를 끊는 것으로부터 시작된다. 기독교적 생활방식이란 그리스도인들이 더 이상 이 세상에 순응하지 않고 사는 삶의 방식이다. 기독교적 생활방식이란 이 세상 제도의 유형과 구조에 순응하고 그것에 맞춰 살아야 한다고 주장하는 사람들과는 다른 길을 가는 것이다. 그리스도께 순종하려면 세상에 대한 미련을 버려야 하는데, 이는 세상에 침투한 복음은 낡아빠진 옛 것들의 지배를 끝내 버리는 속성이 있기 때문이다. 복음은 사람들의 삶을 좌우하는 세상 통치자들과 권세들의 일방적인 지배가 끝났음을 선언하는데, 이 모든 변화는 천국이 세상 속으로 침투해 들어왔기 때문에 가능한 것이다. 순간순간 내리는 우리의 결단과 선택이 우리가 그리스도와 맺고 있는 관계의 현주소를 보여 주며, 복음이 세상의 가치와 구조들에 대한 가장 급진적 대안임을 교회는 개인적이며 집단적인 차원의 순종을 통해 확증한다.

제자도로의 부르심은 언제나 기존의 규범과 가치들, 현 체제의 지배적 가정들과 우상숭배와의 결별을 불러온다. 그러나 여러 모양의 권세와 체제, 정치, 경제 권력과 역사적 세력, 이데올로기와 사회적 실재들은 하나님과 그분의 백성들 사이를 파고들어 절대적 충성을 요구하며 숭배의 대상이 되려고 한다. 그리스도께서 이 세상의 우상들과 권력들의 지배 아래에서 우리를 자유케 하셨음을 우리가 믿는다면, 우리는 이 사실을 드러낼 수 있어야 하고 반드시 드러내야 한다. 그의 제자들에 의해 이 세상에 드러나는 자유의 시위는 역사 속에서 그리스도께서 승리하셨다는 선포이기 때문이다. 아직까지 권세와 우상들의 지배 아래서 신음하고 있는 수많은 사람들은 이 선포를 통해 그들의 압제가 그리스도로 인해 종말을 맞았음을 깨닫는다. 칼 바르트는 자신의 책 『교회 교의학』에서 제자도의 부르심에 관해 다음과 같이 말한다.

> 예수 안에서 하나님이 행하신 우상 타파는 역사가 되어야 한다. 이것이 예수께서 자신의 제자들을 부르신 이유다. 거짓된 절대적인 것들을 상대화하는 단순한 이론, 그런 신들이 더 이상 그들을 위해 존재하지 않는다는 가벼운 생각, 그것들로부터의 내적 자유에 예수의 제자들이 결코 만족하지 못하는 이유가 바로 이 때문이다. 이것이 예수의 제자들이 이와 같은 수많은 형태의 집착들에서 벗어나라는 부르심을 받는 이유다. 예수의 제자들이 행동과 태도를 통해 이러한 집착들에서 벗어났음을 분명히 드러내지 않는다면 이는 제자도로의 부르심을 거부하는 것이다.[4]

그리스도의 승리가 역사 속에서 구체화되고 가시화되지 않는다면 세상 권세와 우상들에게서 내적으로 혹은 영적으로 자유케 되는 것만으로 하나님 나라는 증거되지 않는다. 세상 사람들이 그리스도인들의 삶에서 그 일의 표지와 징후를 눈으로 볼 수 있어야 한다. 그리스도의 제자는 하나님이 그리스도 안에서 성취하신 일에 대한 역사적 표지다. 이것이 우리가 받은 부르심의 본질이다. 이것이 그리스도가 패배시킨 세력들에 대한 이전의 충성과 굴종에서 벗어나라는 부르심의 핵심이다. 이 자유케 하심의 형태는 시대와 상황에 따라 달라질 수는 있어도 그리스도의 승리가 언제나 가시적이고 구체적으로 드러나야 한다는 사실은 결코 변하지 않는다. 우리의 순종은 세상 권세와 우상들을 거부하고, 그리스도께서 그들을 무력화시켰음을 증언하면서 세상을 본받지 않는 특정한 태도와 행동들을 공개적으로 드러내는 것이어야 한다. 그리스도를 따른다면 회심의 흔적이 삶에서 구체적으로 나타나야 하는 것이다.

칼 바르트는 기독교적 생활방식의 요구들을 완화시키는 것에 대해 다음과 같이 경고한다.

주어진 요구들에 순종하려 할 때 주위 환경이나 이 세상의 자명하고 중요한 것들을 놓지 말라는 유혹을 우리는 받을 것인데, 그것에 현혹되지 말라는 그리스도의 경고를 우리는 명심해야 한다. 이는 하나님 나라의 역동적 능력을 힘입고 신약성서가 제시하는 안내를 받아 (그리스도는 이와 같은 결별의 대상으로 돈과 소유, 폭력과 권세, 명성과 가족, 종교에 대한 집착 등을 꼽으신다) 실제로 드러내야 하는 것이다. 이와 같은 성서의 안내로부터의 이탈은 있을 수 없고, 있어서도 안 된다. 또한 이 안내에 의해 우리에게 새롭게 요구되는 것들이 성서가 원래 우리에게 요구했던 것보다 더 쉽거나 부담 없는 것들이라면, 우리는 우리 자신을 진지하게 되돌아봐야 한다. 마땅히 존대받아야 할 은혜가 오늘날처럼 홀대받았던 적은 역사상 없었다.[5]

이는 우리 삶에 관한 모든 논의가 그리스도에 대한 믿음과 하나님 나라의 역동성이라는 관점에서 이루어져야 함을 뜻한다. 복음은 세상의 문화와는 전혀 다른 관점에서 우선순위를 부여하고, 정치적·경제적 의제 또한 지금과는 다른 방식으로 설정되게 만든다. 복음은 기성 체제에 의해 확립된 개념들을 완전히 뒤집어 새로운 방향을 제시한다. 복음은 너무나 만연되어 그것이 우상숭배인지도 모르는 것에서 완전히 손을 떼게 만들며 새로운 능력의 형태를 세상에 나타낸다.

기독교적 급진주의란 그리스도 안에 뿌리내리고 자신의 삶과 사회적 환경을 하나님 나라의 실재라는 관점에서 판단하는 것을 말한다. 기독교적 급진주의란 사회와 정치의 모든 '기정 사실들'을 지속적으로 면밀히 검토하고, 그리스도께 순종하는 것을 방해하는 것은 무엇이든 거부한다는 의미다. 기독교적 급진주의는 전략이 아니라 변혁의 결과다. 그리스도인은 외부 환경을 탓하는 존재가 아니라 자기 자신이 변화되는 존재이며, 그것은 우리 자신을 그리스도께 의탁할 때 비로소 시작된다. 이 변화의 과정은 우리 자신에 대한 권리 포기와 하나님에 대한 신뢰를 반드시 수반한다. 하나님 나라에 들어가기 위해서는 순간순간 그리스도를 신실하게 따라야 하며, 이는 기독교적 생활방식이 목적이 아니라 순종과 증언의 결과임을 뜻한다. 그리스도인의 생활방식이란 증거의 삶이다.

> 너희는 세상의 소금이니 소금이 만일 그 맛을 잃으면 무엇으로 짜게 하리요. 후에는 아무 쓸 데 없어 다만 밖에 버려져 사람에게 밟힐 뿐이니라. 너희는 세상의 빛이라. 산 위에 있는 동네가 숨겨지지 못할 것이요. 사람이 등불을 켜서 말 아래에 두지 아니하고 등경 위에 두나니, 이러므로 집 안 모든 사람에게 비치느니라. 이같이 너희 빛이 사람 앞에 비치게 하여 그들로 너희 착한 행실을 보고 하늘에 계신 너희 아버지께 영광을 돌리게 하라.(마 5:13-16)

예수 그리스도의 복음에 온몸으로 헌신할 때 우리는 폭발력을 지닌 잠재적인 무언가를 갖게 된다. 복음에 헌신한 그리스도인은, 복음의 씨앗이 자신의 밭에 뿌려지면 그 씨앗이 역동적으로 자라, 위로와 안식을 찾았던 현재 상태를 완전히 뒤집어엎을 수도 있음을 알아야 한다. 복음은 가진 자나 힘있는 자들에 의해 통제되거나 제지당할 수 있는 것이 아니다. 손해를 보지 않고 가질 수 있는 것도 아니다. 그러나 그리스도의 메시지가 세상으로 끊임없이 침투할 때 세상은 결국 바뀌고야 만다는 것이 성서의 증언이다.

교회가 그리스도와 세상의 요구 사이의 긴장을 완화시키고, 복음을 다루기 쉽게 변질시킬 때 복음의 변혁적인 능력은 서서히 약화되고 결국 사라지고 만다. 순응, 즉 세상을 본받는 행위는 지속될 것이다. 그러나 교회의 역사가 증명하듯 우리가 살아 계신 그리스도께 시선과 삶을 맡기고, 베드로처럼 사람을 따르지 않고 하나님을 섬기겠다고 고백할 때, 복음의 폭발적인 능력은 되살아나 우리의 삶을 다시 충만하게 할 것이다.

2
근원으로
돌아가기

순응이라는 적

너희 몸을 하나님이 기뻐하시는 거룩한 산 제물로 드리라. 이는 너희가 드릴 영적 예배니라. 너희는 이 세대를 본받지 말고 오직 마음을 새롭게 함으로 변화를 받아 하나님의 선하시고 기뻐하시고 온전하신 뜻이 무엇인지 분별하도록 하라.(롬 12:1, 2)

이 구절을 우리는 이렇게 옮길 수 있다.

너희 자신을 살아 있는 제물로 일관되게 요구하는 예배에 따라, 너희 몸을 너희 교리가 있는 곳에 드리라. 그리고 세상의 제도가 더 이상 너희를 고분고분하게 만들거나, 그 틀에 끼워 맞추지 않게 하

라. 세상 틀에 맞추는 대신, 너희 생각을 바꾸고 너희 세계관과 너희 도덕적 경향을 새롭게 하여 너희 자신들을 계속 탈바꿈시켜라. 그리하면 너희는 하나님의 뜻을 분별하고 파악하고 인정하고 기뻐하게 될 것이다.

세상의 유형과 사고방식을 본받는 것은 그리스도인에게 치명적이다. 세상 문화와 이데올로기의 가치들, 가정들, 충성들, 신화들, 목표들, 필요들, 그리고 기정 사실들을 받아들이라는 압력으로 인해 교회의 증언과 선교는 위기를 맞고 있다. 그러한 압력에 굴복할 때, 교회는 타협과 순응을 통해 그리스도가 아닌 이 세상의 정신을 따르게 된다. 위 구절은 우리가 이미 세상에 물들어 있음을 보여 준다. 주변 세계의 가치관들이 우리의 가치관이 된 것이다. 문제는 어떻게 하면 이 세상에 물들지 않을 수 있느냐가 아니라, 어떻게 하면 변화를 받을 수 있느냐다. 하여 우리는 교회를 더럽히는 순응에 도전을 가하는 사도의 지시에 귀를 기울여야 한다.

사도가 로마의 그리스도인들에게 지시할 때 사용한 동사의 시제는 세상을 본받지 않는 것이 결코 끝나지 않는 영원한 숙제임을 시사한다. 이는 세상은 교회를 어떻게든 자신의 틀에 짜 맞추려 안간힘을 쓰기 때문에 그리스도 공동체는 세상 질서를 따르지 않기 위해 부단히 노력해야 한다는 뜻이다.

또한 순응하느냐 순응하지 않느냐, 즉 세상을 본받느냐 세상을 본받지 않느냐는 도덕적 분별과 윤리적 감수성과도 연관되어 있다는 뜻이다. 여기서 바울은, 마음과 본성의 변화로 인해 생긴 세상을 따르지 않겠다는 의지가 하나님의 뜻을 분별하는 데 필수라고 가르친다. 그렇기 때문에 세상을 본받지 않으려는 교회의 태도는, "선하시고 기뻐하시고 온전하신 뜻을 알기 위한" 교회의 자기 이해와 세상 속에서의 충실한 사명 이행에 더없이 중요한 요소다. 거꾸로 세상의 틀에 맞춰진 교회는 하나님의 뜻을 헤아리지 못할 뿐 아니라, 부적절하고 그릇된 방식으로 세상과 동일시되어 결국 도덕 불감증에 걸리고 만다.

사도에 의하면 변화는 우리 몸을 하나님이 기뻐하시는 예배의 '산 제물'로 드릴 때 일어난다. 이러한 맥락에서 온전한 예배는 분명 윤리적 함의를 지니며, 교회의 순종하는 삶과 뗄 수 없는 관계에 있다. 따라서 그리스도 공동체는 세상이 세속적 이미지를 그리스도의 몸에 어떻게 새기는지, 이 세상이 교회를 어떻게 노예로 만드는지 주목할 필요가 있다.

우리 세대에 불신이 판치는 주된 원인은, 교회가 시대에 편승하여 도덕적 위선과 윤리적 불감증에 걸렸기 때문이다. 물론 불신의 대상이 된 것은 복음이 아니라 교회지만 구원과 변화의 실체를 드러내지 못하는 교회로 인해 복음은 공허한 메아리가 되어 버렸다. "예수가 구원이시다" 혹은 "예수가 주님이시다"라는 말은 많지만 이 구호들이 무엇을 의미하며, 실제로 우리의 삶과 사회에 어떤 의미가 있는지를 보여 주는 교회는 찾아보기 어렵게 되었다. 복음을 삶으로 드러내지 못하는 교회의 복음 선포는 혼란을 일으킬 뿐이고, 복음의 권위 또한 땅에 떨어지게 만들었다. 문화의 포로가 되어 세상의 가치관을 그대로 답습하는 교회는 예언자나 복음전도자라는 이름을 반납해야 한다.

그리스도인이 되는 것이 쉬워지고 편안하게 느껴질 때, 교회의 교리적 고백과 윤리적 실천 사이에는 결코 쉽게 메꿀 수 없는 간극이 생긴다. 그런 상황에서 구원과 교회의 공동체 됨은, 자신의 삶이 완전히 바뀌는 것을 달갑지 않게 여기는 사람들에게 공짜나 다름없는 상품으로 제공되고, 이런 잘못된 그리스도 공동체의 관행에 대한 비판은 신학이나 신앙을 논증하는 것보다 더 어렵게 된다. 그런 비판은 교회의 변증적 시스템으로는 응수할 수 없는 것이기 때문이다. 그러한 상황에 절실한 것은 윤리적 변증, 곧 교회의 성서 중심적인 신학의 능력과 의미를 실천하는 집회다. 로마서에서 바울은, 교회가 세상을 본받는 상황에서 교회가 할 수 있는 단 하나의 반응이 참된 영적 예배의 요구들을 되살리는 것이라고 말한다. 따라서 우리는 예배와 윤리, 예배와 정치의 상관 관계에 대해서는 나중에 다루고 그보다 먼저 교회를 더럽히고 성서적 증언을 타협의 대상으로 전락시킨 현대적 유형의 순응에 대해 살펴볼 필요가 있다.

시민종교

그리스도인들이 주변의 문화·사회·정치 체제에 애착을 갖는 것은 이제 일반적인 현상이다. 이런 관행은 기존의 현상 유지에 이의를 제기하는 대신 이를 찬양하는, 이른바 시민종교로 전락하기 마련이다. 잘 사는 나라에는 자신을 재물과 권력, 기성 체제와 동일시하는 기독교 단체나 교회가 많다. 교회와 국가에서 부와 권력을 동시에 거머쥔 사람들이 이러한 유착 관계를 적극 조장해왔고, 거기서 이익을 취해왔다. 교회들은 시민종교의 신과 성서와 예수 그리스도 안에서 자신을 계시하신 하나님을 구별하지 못할 정도로 노골적인 우상숭배의 죄를 범했다. 성서적 신앙과 대비되는 시민종교는 도덕적으로는 아무런 내용이 없는 속빈 강정이고, 그들이 섬기는 신은 심판할 권위나 사회 질서를 바로 잡을 능력조차 없는 거짓 신이다. 그런 시민종교의 신은 사회 질서를 종교적으로 정당화하고, 합의와 순응을 통해 사회를 결집시키는 이데올로기적 매개자 역할을 수행할 뿐이다.

그렇기 때문에 권력의 욕구를 채우는 일이라면 무엇이든 시민종교는 더 없이 환영한다. 권력은 여러 이유들로 합의된 정책들에 종교적 의미와 신뢰를 부여하기 위한 방편으로 시민종교를 마음대로 이용한다. 이 시민종교는 기독교적 생활방식을 국가나 경제체제 혹은 이데올로기적 교리들이 장려하는 생활방식과 동일시하는 끔찍한 결과를 낳는다. 보수적 기독교와 진보적 기독교 모두 기독교 신앙을 국가적 합의나 정치 체제 및 운동과 무턱대고 동일시하는 신학적 오류를 범했다. 시민종교를 기독교 신앙과 혼동하는 것은 권력자들에게는 이로울지 모르지만, 성서적 관점에서 보면 배교나 다름없는 행위다. 그러한 혼동은 문화적 규범과 정치 이데올로기, 특히 국가를 우상 수준으로 끌어올리기 때문이다. 성서적 신앙은 어떤 문화나 정치 체제든 심판과 징벌을 선포하고 국가를 종교적 충성의 대상으로 인정하지 않는다.

시민종교는 국가주의가 힘을 발휘하도록 빌미를 제공하고, 국가주의가 공격적·팽창주의적·호전적 태도를 취할 때 함께 목소리를 높인다. 국가주의라는 이데올로기는 특정 민족이나 국가에 더 많은 가치와 중요성을 부여하기 때문에 보편적 가치와 일반 은혜를 가르치는 성서적 규범과 충돌한다. 국가주의는 그 자체가 서로 편 가르기 하고, 서로 비웃고 억압하며, 서로 싸우고 죽이며, 국가의 정체성과 목표를 추구하고 유지하기 위해 타락한 인간들이 세운 장벽과 경계들을 허무는 그리스도의 사역을 부인한다. 실제로 시민종교는 세상을 향한 하나님의 계획에서 자신만이 특별한 위치와 신분을 갖고 있다 여기고, 국가의 파괴적인 충동을 종교적으로 은폐하는 역할을 해왔다.

시민종교는 국가와 정치 이데올로기에 대한 무비판적 태도를 조장한다. 이 종교는 성서적 신앙의 요구들과 다양한 사회 질서 내지는 정치 체제의 가치와 가정들 사이에 존재하는 긴장을 느슨하게 만든다. 교회는 예언자적 정체성과 권위를 잃지 않기 위해 그러한 가치 및 가정들과 일정한 거리를 유지해야 한다. 그러나 비판적 자세를 버리고 필연적 긴장을 느슨하게 하는 단순히 정치적 실패를 넘어선 신학적 오류를 보수와 진보적 기독교 모두 저지르고 있는 것이다. 정부와 보수와 진보적 기독교 모두는 운동을 통해 자신들의 관심사를 지지하고, 자신들의 정치적 활동에 종교적 동기를 부여하고자 교회를 정치 투쟁 안으로 끌어들였다. 이 과정에서 신학적 왜곡이 일어나 참된 성서적 신앙의 비판적이고 개혁적인 가치들은 이데올로기적 필요의 제단에 희생 제물로 드려졌다. 예수 그리스도가 어떤 문화권에서든 이방인이었고, 이데올로기 체제에 반대하는 불청객이었음을 너무나도 쉽게 잊어 버린 것이다. 나아가 기성 체제의 시민종교는 자신들이 지지하는 체제와 이데올로기가 권력을 잡고 기득권을 가질 때까지 반대하는 세력들을 끊임없이 억압한다.

시민종교는 일반 사람들은 물론이고, 하나님의 백성까지도 자신들의 사회 구원을 위해서 국가, 민족, 이데올로기, 혹은 정치적 메시아에게 소망을 두도록 부추긴다. 그러나 하나님이 국가와 사회 운동들을 들어 사용하기도 하시지만, 자신의 뜻을 펼치시기 위해 마음에 두신 원래 도구는 하나님의 부르심에 아멘으로 응답하는 신실한 백성들이었다. 국가와 정치는 만물에 대한 성서의 계획에 궁극적으로 도움이 되지 않는다.

시민종교는 덧없는 현 체제의 지배적 가치와 가정들, 곧 하나님과 질적으로 대비되는 가치와 가정들을 종교적으로 표현하고 구체화한 것이기에 본질상 거짓된 종교다. 이러한 거짓 종교에 순응하여 교회가 더럽혀질 때, 회중들은 하나님과 가이사 중 양자택일을 해야 할 필요조차 인식하지 못하게 되고, 그로 인해 복음은 의미를 상실하게 된다. 복음의 변혁성과 성서적 신앙의 예언자적 예리함이 성공과 권력의 열매를 즐기는 국가주의적·이데올로기적 신앙으로 대체되는 것이다. 즉 예언자적 권위를 잃어 불구가 된 교회는 가이사에게 모든 것을 넘겨주고, '영적인 것에 매진하는' 고분고분한 신자, 기성 체제를 위협할 변혁성이 제거된 '순수한' 복음만을 전하는, 그러나 실상은 맛을 잃은 소금이 되고 만다.

오늘날 우리는 강력하고 억압적인 정부가 그러한 교회와 손을 잡고 있는 모습을 본다. 교회 지도자들은 위정자들의 초대를 받아 권력자들과 친분을 맺고, 집권 세력에 비판적이기는커녕 오히려 비위를 맞추고 싶어 안달한다. 교회는 복음을 전하면서 "훌륭한 시민 의식"과 "권위에 대한 복종"의 가치들을 역설하고, 국가는 그러한 교회의 활동을 적극 지지하며 그 교회 지도자들을 집권자들의 영적인 고문이라는 남들이 부러워하는 자리에 앉히고 있다. 그리고 다시 교회와 집권자들은 국가의 가치를 드높이고, 나라의 역사와 연륜, 목표에 종교적 의미와 중요성을 부여하며 축복해준다.

이런 식이라면 교회는 머지않아 정체성 상실이라는 깊은 수렁에 빠지고 말 것이다. 진정한 기독교적 헌신, 즉 사람들의 삶에 동기를 부여하고 예언자적 심판과 사회 해방의 원천이라는 기능을 서서히 상실하게 될 것이다. 교회의 선포는 기독교가 문화의 시녀가 되고, 개처럼 길들여지고, 생명을 잃어 버린 만평 정도로 전락할 것이다. 이 거짓 종교를 조장한 책임이 비단 가진 자와 힘있는 자나 이데올로기 정당들에만 있는 것은 아니다. 이 세상의 제도뿐 아니라 제도의 가치들을 받아들인 우리 모두가 이 범죄의 공범자다.

사회 체제가 어떤 것이든 그것의 기반을 재가하고 지지하기 위해 교회는 존재하지 않는다. 오히려 그리스도 공동체는 사회 질서의 기초가 되는 정치적 합의와 문화적·이데올로기적 규범들을 진지하게 성찰하는 모임이다. 교회는 보편적인 사회적 태도와 가치들을 하나님 나라의 입장에서 심판하고 성서의 언어에 비추어 평가한다. 부르심에 철저히 순종하려는 교회는 낯선 땅에서 주님을 찬양하는 타인이자 거류자, 이방인이다. 순종하려는 교회는 자신을 가난하고 발가벗겨지고 위험을 직면하게 하는 인생관 - 현재의 문화적·정치적 상황이 어떠하든 그것을 위협하는 - 을 지닌 사람들로 구성되기에 본질상 소수 현상(minority phenomenon)이 될 수 밖에 없다. 성서는 하나님을 그의 백성이 하나님을 의지하지 않기 위해 만든 우상들, 즉 예배의 대상이 된 거짓 신들로부터 벗어나라고 끊임없이 그분의 백성에게 회개를 촉구하는 분으로 묘사한다. 신약성서에서 우리는 말씀이 육신이 되신 분, 우상숭배의 권세와 죽음의 권세에서 해방되신 분, 그리스도를 만난다. 자유롭게 되신 그분은 하나님 나라와 그 의를 구하는 제자들을 자유케 하신다. 우상들을 떠받들던 삶이 그리스도를 주님으로 순복하는 삶으로 바뀔 때, 그분 안에서 그리고 그분을 통해 우리는 자유를 얻는다. 그리스도 공동체는 이 세상 체제의 패턴들과 이 세상이 기반을 두는 우상숭배적 가치와 가정들에 저항하기 위해 자유케 된, 즉 옛 질서를 폐기하기 위해 역사 속으로 들어온 새로운 질서인 하나님 나라를 삶으로 증언하기 위해 해방된 사람들의 모임인 것이다.

제국의 황제 숭배를 거부했던 초대교회 그리스도인들이 받은 죄명은 자신들의 신을 믿지 않는다는 것이었다. 그들은 제국의 신들을 거부했던 무신론자들이었다. 오늘날 그리스도인은 기성 체제의 신들을 믿지 않는 무신론자들인가, 아니면 그 거짓 신들의 요구에 경의를 표하고 숭배하고 있는 유신론자들인가? 그리스도인이 된다는 것은 온갖 역사적 체제와 이데올로기적 합의를 통해 다양한 모습으로 나타난 이 세상의 모든 신들을 거부한다는 뜻이다. 그러나 기성 체제의 신들을 숭배하기를 거부할 때, 이 세상은 그것에 항거하는 자들을 박해와 죽음으로 위협하려 할 것이다.

주요 종교 운동들이 문화와 정치의 거센 바람 앞에 무릎을 꿇고 흡수되었음은 결코 놀랄 일이 아니다. 우리 시대의 보수적 기독교와 진보적 기독교가 일으킨 종교 운동들은 자신들의 신학에 지나치게 함몰된 나머지 자신들의 생각대로 세상을 만날 수 없었다. 두 진영은 신학적으로 대립되고 상대방에게 적대감을 드러냈지만 결국 둘 다 세속 문화로부터 받아들인 세계관과 생활방식에 따라 기독교 신앙을 정의하려고 했을 뿐이다. 둘 다 계시라는 온전한 보증을 방치하거나 입맛에 맞게 선택했으며, 그 결과 둘 다 이 세상에 철저하게 순응하고 말았다.

보수적 기독교

보수적 기독교는 문화적·정치적 기득권의 현상 유지를 지지하거나 최소한 그것을 감수하도록 부추기는 문화 신학을 낳았다. 예수는 영혼의 구세주로만 선포되었지 이 세상을 다스리는 주님으로는 선포되지 않았다. 개인주의와 성공이라는 복음을 전도함으로 인해 제자도와 예수의 공적 영역으로의 부르심은 가볍게 취급되었다. 제자도 없는 은혜라는 이단이 보수적 기독교의 특징이 되고 말았다.

앞서 주목했듯이 세속 문화가 낳은 개인주의적 세계관은 죄와 복음에 개인적·집단적 차원이 있다는 성서의 가르침을 왜곡하였다. 이런 이유로 악은 대체로 개인적 차원에서만 이해될 뿐, 사회적 구조와 제도적 차원에서는 이해되지 못했다. 구원 역시 전적으로 사적이며 개인적인 일로 오해되어 구원의 사회적이고 정치적인 의미는 무시되고 말았다. 일반적으로 보수적 기독교는 정치와 종교의 분리를 주장하는데, 이는 고의적이든 아니든 현상 유지라는 기성 체제에 순응하는 결과를 낳았다.

개인적 실재와 기관·사회적 실재 사이를 분리하는 것은 성서적 사고와 배치된다. 그러한 행습은 복음의 범위와 의미를 축소하고 도덕적 무지와 불감증을 낳는다. 그리스도인은 현재의 사회적·정치적 실재를 지지하거나 반대하거나 둘 중 하나를 선택해야 한다. 그리스도인에게 중간 지대란 존재하지 않는다.

보수적 기독교는 이와 같은 신학적 오류들과 결합해 진보적 기독교와 더불어 기술주의적 사회 질서의 부유한 중산층과 상류층의 가치와 생활방식을 받아들이면서 점차 그것에 동화되었다. 교회 구성원의 구성 분포에서 초대교회가 현대 교회보다 훨씬 더 다양했음은 성서와 교회 역사가 입증하는 바인데, 오늘날 교회는 특정 계층과 집단들이 주를 이루면서 부유한 계층의 인생관을 추종, 세상을 편협하고 왜곡된 눈으로 보게 되었다. 세계의 대다수가 가난하고 비참한 생활을 하고 있는 지금, 안녕과 여유를 누리며 부유층에 친화적인 오늘날의 교회가 그러한 세상을 섬겨야 한다는 소명을 과연 감당할 수 있을까? 어설픈 신학적 판단과 성서 이해는 정치적·경제적 특권층을 우상처럼 떠받드는 관계로 전락시킨다. 하여 우리는 자끄 엘룰의 예언자적 외침에 귀를 기울여야 한다.

나사렛 예수를 추종하는 사람들이 있어야 할 장소는 억압하는 자들이 아니라 억압받는 자들, 힘있는 자들이 아니라 힘없는 자들, 배부른 자들이 아니라 굶주린 자들, 자유인이 아니라 노예들, 부유한 자들이 아니라 가난에 찌든 자들, 건강한 자들이 아니라 병든 자들, 성공한 자들이 아니라 패배한 자들, 안락한 다수가 아니라 소외받는 소수, 부르주아가 아니라 프롤레타리아 곁이다.[1]

종교적 보수주의자들이 건전한 교리에 보이는 관심이 믿음의 내용과 일치하는 생활방식이나 삶과 동떨어질 때, 신앙은 죽은 정통이 된다. 성서의 권위를 진지하게 받아들이는 많은 이들이 사회정의와 성육신적 생활방식, 곧 성서적 신학에 현실성과 힘을 부여하는 실제적 삶의 방식을 구현하라는 성서의 까다로운 요구 앞에 당황한다. 분명 참된 믿음과 영성이 담긴 성서 메시지가 전해질 때 삶의 정황은 변화된다. 복음에 접촉된 사람의 삶은 망가진 이 세상을 향한 정의와 치유, 평화의 실현이라는 하나님의 관심을 드러내고야 만다.

하나님 말씀에 의하면 개인적 신앙이 사회정의 실현으로 이어지지 않을 때 복음은 조롱거리로 전락한다. 모세의 율법에는 부를 재분배하고 가난한 자들과 나누라는 특별 조항들이 포함되어 있고, 아모스나 이사야, 예레미야, 호세아, 미가 같은 예언자들은 부자들과 권력자들의 경제적 착취를 맹렬히 비난했으며, 사회 체제를 심판하는 사회정의와 의를 실천하라는 단호한 메시지를 전했다. 또한 시편 기자는 하나님은 가난한 자들의 호소에는 귀를 기울이시고 부자들과 특권층들의 코는 납작하게 하신다고 말한다.

세례 요한은 자신의 소유를 가난한 자들과 나누라고 말하면서 회개를 촉구했다. 천사가 마리아에게 전한 복음에서는 새로운 질서가 역사 속으로 들어오면 개인과 사회가 변화될 것이라고 예고되기도 했다. 예수는 성령의 기름부음을 받은 후 "가난한 자에게 복음을… 포로 된 자에게 자유를, 눈 먼 자에게 다시 보게 함을, 눌린 자를 자유롭게 하고, 주의 은혜의 해를 전파"하셨다. 이후 예수는 하나님을 사랑한다는 우리의 고백은 주린 자를 먹이고, 벗은 자를 입히고, 집없는 자들을 돌봐주고, 비탄에 빠진 자들의 필요를 채우는 것 같은 구체적인 행동으로 검증된다고 말씀하셨다. "너희가 여기 내 형제 중에 지극히 작은 자에게 한 것이 곧 내게 한 것이니라"(마 25:40). 입으로는 하나님 사랑을 말하면서 곤궁에 처한 자들에게 다가가지 않는다면 그것은 거짓된 사랑이라고 사도 요한은 말했다. 야고보는 행함이 없는 믿음은 죽은 것이라고 말하면서 부자들에게 곧 심판이 닥칠 것이라고 경고했다. 바울은 사람들을 종노릇 하게 만드는 이 세상의 타락한 권세와 통치자들에 저항하고, 그들의 통치에 분노하고, 그들에게 최후의 패배를 안기실 주님의 부활에 함축된 우주적이고 정치적인 의미를 선포하라고 촉구한다.

진보적 기독교

진보적 기독교가 낳는 세속적 신학 역시 체제 순응적인 기독교로 전락하기는 마찬가지다. 빈약한 성서적 기반, 하나님의 초월성 퇴색, 개인적 회심과 헌신에 대한 폄하, 그리고 당대의 진보적인 사회적·정치적 선택과 추세들에 맹목적으로 순응한 진보적 기독교는 시류에 영합한 보수적 기독교의 문화 신학만큼 세속적이다.

탄탄한 성서적 기반에서 이탈한 진보적 기독교는 기독교의 진취적 기상과 차별성을 상실하는 대가를 치렀다. 계시에 견고히 기초하지 않은 신학적 의제는 세속 문화의 변덕스런 사상과 사고에 끌려 다닐 수 밖에 없다. 결국 신학은 그렇게 되면 세속적 사고방식을 반영하거나, 그러한 사고방식에 아무런 설득력 없는 차원과 해석을 제공할 뿐이다. 세속이라는 시장터에서 이데올로기를 둘러싸고 여러 경쟁자들이 제시하는 선택들에 우리 자신을 방치한다면 건전한 신학의 비판적 숙고와 통찰은 설 자리를 잃게 된다. 성서적인 신학을 홀대하고 계시의 의미와 중요성을 간과할 때, 교회는 교회의 소명을 확인하기 위해 세상에 의존하고, 그렇게 되면 교회는 문화와 정치에서 다양하게 나타나는 이 세상의 패턴들을 본받고 타협하게 된다. 다른 이들이 이미 경계선을 그어 놓은 전투에서 교회가 성급하게 한쪽을 편들면 하나님의 말씀이 오늘날의 사회에 부여할 수 있는 통찰은 힘을 잃게 된다.

진보적 기독교는 세속적이고 자연주의적 가정들 앞에 완전히 겁을 먹고, 현대인의 환심을 사기 위해 그들에게 꼭 필요한 말씀을 편집하려고 한다. 이렇게 기독교 신앙은 세속적 체제나 세계관의 틀을 통과하면서 축소된다. 이런 식으로 복음을 "비신화화"하면 복음의 실재와 능력을 부인하는 것은 머지않아 아무렇지도 않은 일이 된다. 이러한 비신화화는 인간의 문제를 해결하는 데 있어 영적 생명과 자원을 제공하는 데 무능력한 뿌리 없는 종교로 전락하는 결과를 낳을 뿐이다.

이뿐 아니라 현재의 진보적 기독교는 회심의 의미와 복음전파의 필요성을 폄하함으로써 기독교적 증언과 행동의 토대가 되는 그리스도를 향한 인격적 헌신의 역동성을 상실했다. 이렇게 예수와의 인격적 만남이 지니는 의미를 제대로 이해하지 못하면 신학의 과제는 우스꽝스런 탁상공론이 될 뿐이다. 산상설교나 요한복음 3장의 언어와 역사를 분석할 줄 아는 사람은 많지만 그 구절들이 자신의 삶에 부여하는 의미를 깨닫는 사람을 만나기 힘들다는 것이 오늘날 진보적 기독교의 현실이다. 사람들이 자신의 삶을 변화시킬 무언가를 찾을 때, 그런 기성 교회가 그런 사람들에게 제공할 수 있는 것은 복음이 아니라 교회 자체에 대한 헌신일 가능성이 높다.

중요한 결정을 내려야 하는 오늘날, 보수적 기독교와 진보적 기독교는 모두 정치에 빌붙거나 복음적 기반이 희박한 변덕스런 유행과 방식을 추구하다가 결국 문화의 하녀가 되어 버렸다. 우리의 교회가 보수적 기독교와 진보적 기독교, 그리고 시민종교의 교리에서 탈피하기 위해서는 성서가 말하는 변혁적 존재로 다시 형성되어야 한다.

계시와 저항

세상이 우연히 의미를 갖게 되었다고 여기는 것으로 하나님이 주신 계시의 내용을 설명해서는 절대 안 된다. 세상은 그리스도를 마음대로 할 권리가 없다. 우리는 하나님에게서 나오는 참된 말씀이 그분을 의식하지 않고 살아온 자들을 부끄럽게 만든다는 사실을 알아야 한다. 하나님의 계시는 세속 사회와 문화의 전제 조건들과 결코 조화되지 않는다. 서로 경쟁했던 이스라엘의 종교와 정치 집단들이 결코 마주하고 싶지 않았던 것이 있었다. 그것은 바로 나사렛 예수와 그분이 선포한 하나님 나라의 복음이었다. 예수는 종교·정치 지도자들과 이들의 맞수인 열심당 모두에게 가시 같은 존재였고, 기존의 생각과 선택의 경계를 허무는 불청객이었다. 하나님의 말씀이 충실하게 선포되고 드러나면 이처럼 불편해지고 분열이 생기기 마련이다. 그러한 하나님의 말씀의 신실한 선포와 행위를 문화와 학문, 혹은 정치권에서 집권을 잡은 세력의 비위를 맞추기 위해 교회는 왜곡하거나 재정립해서는 안 된다.

자신의 반대자들을 비롯하여 운동 세력을 포섭하는 막강한 기술주의 사회의 힘을 우습게 봐서는 안 된다. 현 체제의 불법과 소외가 낳은 그런 운동들은 국가의 양심 세력으로 성장해 문화적·정치적인 합의에 저항하는 구심점으로 기여한다. 하지만 대다수의 운동들은 지칠 대로 지치고 기반이 허약해져 반대 세력을 비롯한 대다수를 고분고분하게 만들 수 있는 막강한 힘을 지닌 기성 체제 앞에서 무력하기만 하다. 그런 식으로 양심은 결국 실종되고 그들이 베푼 성공과 안전, 부에 길들여 진다.

대다수의 대안들은 방향을 전면 수정하고 철저하게 개혁해야 한다는 생각을 하지 못한다. 적당한 개혁과 사회 구조의 재조정, 진보의 과정은 적실성이 없을 뿐 아니라 오히려 역효과를 내는 것으로 드러났다. 이데올로기를 둘러싼 경쟁자들은 대체로 체제의 기본 가치와 유형들을 받아들이고 거기에서 안전을 추구한다. 그런 체제는 자신의 핵심 가정들을 위협하거나 존재 기반을 흔들지 않는 새로운 운동과 스타일, 주도권들은 너그럽게 수용해준다. 따라서 진정한 대안이 현 체제의 가정과 가치들에 도전을 가하기 위해서는 현재 체제의 통상적인 것을 출발점으로 삼을 것이 아니라, 그 체제의 외부에 철저히 뿌리내려야 한다. 그러한 희망은 정확히 신학 안에서 성서적인 믿음을 회복할 때, 즉 역사적인 기독교적 의미 안에 있는 계시를 재발견할 때 찾아온다.

신학이 충격적인 면에서 혁명적이려면 계시에 기초해 있어야 한다. 계시를 출발점으로 삼지 않으면 신학은 혼란스럽고 뒤틀리고 만다. 오래전 디트리히 본회퍼는 신학의 과제를 다음과 같이 명쾌히 설명한 바 있다. "신학이 가야 할 길은 '실재에서 하나님으로'가 아닌 '하나님에서 실재로'다." 바꾸어 말해, 기독교 메시지는 인간의 삶과 사회를 출발점이 아닌 목적지로 삼아야 한다는 것이다. 역사적 존재인 교회는 하나님의 계시를 받아 그것을 증언해야 하는 투쟁을 멈춰서는 안 된다. 교회는 당대의 세계관과 충돌을 일으키는 계시의 온전함(wholeness)과 완전함(integrity)을 감추어 계시의 의미를 축소하거나 다르게 해석하려는 그 어떤 유혹에 맞서 그것을 지켜내야 한다. 오늘날 많은 그리스도인들은 주어진 상황에서 어떻게 하나님의 말씀을 잘 전할 수 있을까보다는 체제 순응을 어떤 이데올로기적 선택으로 압축할 것인가 하는 문제로 골머리를 앓고 있다. 성서에 나타난 하나님의 계시는 역사와 문화의 변천을 통해 참된 메시지를 계속 보내는데, 이 메시지는 인간의 역사에 침투하여 진리와 의미, 신뢰에 관한 인간의 생각과 사상을 뒤집어엎는다. 여기서 교회 역사 속에서 끊임없이 제기되어 온 중요한 질문이 등장한다. "우리는 하나님의 말씀을 온전히 받아들이고 순종해왔는가?"

어떤 사회적·정치적인 합의에 대한 반문화적 저항의 소망은 초월의 가치를 깎아내리고 세속적 방향을 지향하는 것에서는 절대 발견되지 않는다. 그런 행습은 순응의 발판을 마련할 뿐이다. 반대로 하나님의 백성은 그들의 뿌리인 성서로 돌아가 계시에 철저히 뿌리

내릴 때, 어떤 사회 체제에서든 대안적인 집단적 실재이자 예언자적 현존으로서의 교회 본연의 역할을 되찾게 될 것이다.

성서적 신앙은 세상을 뒤집어엎는다. 하나님 말씀의 계시에 탄탄히 뿌리내려 기성 체제 밖에서 자신의 정체성을 확립할 때 교회는 비로소 급진적인 대항 의견을 제공할 수 있다. 계시에 굳건히 기초한 삶은 기성 체제가 감히 어쩌지 못한다. 자신의 정체성을 하나님 나라에서 찾는 교회는 현 체제가 교회를 끌어들이기 위해 세운 인위적 가치 체계에 저항한다. 기독교는 하늘에 계신 분이 예수 그리스도 안에서 인간의 몸을 입고 이 땅에 살면서 하나님의 뜻을 가르치셨다고 주장한다. 현 체제에 대한 심판과 그리스도 안에 오직 구원이 있다는 이 메시지가 사람들에게 환영받은 적은 역사상 단 한번도 없었다. 하나님의 계시에 철저히 순종하고 자신의 토대인 성서에 충실했던 그리스도인들은 집권자들에게 언제나 최대의 스캔들, 가장 위협적인 존재였다. 이 같은 그리스도인의 저항은 성서에 나타난 하나님의 계시와 예수 그리스도의 성육신에 기초를 두고 있다. 그리스도인의 저항은 예수께서 약속한 성령의 임재에 의해 힘을 얻고, 천국의 도래에 대한 확고한 소망은 그들에 의해 동기를 부여받는다.

문화와 사회 체제의 본질과 구조, 작동 원리에 대한 진지한 탐구는 깊이 있는 성서 연구와 기도, 깊이 있는 예배 참여에 연결되어 있어야 한다. 칼 바르트의 말대로 한 손에는 성경을, 다른 한 손에는 신문을 들고 신학을 실천해내야 하는 것이다. 집권자들이 전체주의로 흐를 때 성서 연구와 기도, 예배는 언제나 기성 체제에 저항하는 중심 역할을 해왔다.

교회는 기성 체제의 구조와 방식에서 탈피하고, 성서적으로 변화받아야 한다. 교회는 순례자와 예언자, 곧 시대의 지배적 가치관에서 끊임없이 벗어나는 공동체가 되어야 한다. 교회는 시간이 지나면 덧없이 사라지는 이 세상의 규범과 갈등 없이 지낼 때, 교회가 세상의 방식과 문화적 흐름에 빠져 있지 않은지 스스로 살펴야 한다. 교회는 세속적인 방식과 문화를 결코 따르지 않겠다고, 도래하는 하나님 나라에 절대적으로 충성하겠다고 맹세해야 한다.

성서의 증언에 기꺼이 귀를 기울이고 순종할 용기가 있는 교회라면, 자신의 정체성과 사명 - 그리스도의 임재를 드러내는 표지 - 을 되찾을 수 있을 것이다. 이렇게 할 때 그리스도 공동체는 현상 유지에는 저항 세력으로, 기존 체제에는 스캔들, 즉 걸림돌로 존재하게 된다. 교회가 교리와 세상 사이에 놓인 성서적 긴장의 끈을 놓지 않을 때 교회는 시대의 지배적 풍조를 심판하는 본래의 사명을 회복할 수 있다.

그렇게 할 때 보수적 기독교와 진보적 기독교라는 양 극단을 넘어, 이 시대가 직면한 삶의 중요한 문제들에 대해 분명하면서도 당당하게 목소리를 내는 성서적 신앙을 세울 수 있게 될 것이다. 빈부의 격차가 해소될 기미가 전혀 보이지 않는 현실에서 교회는 가난을 실천하고, 온통 권력욕에 혈안이 되어 있는 상황에서 교회는 고난받는 종이 되어야 한다. 소외와 고독으로 파편화된 상황에서 교회는 치유와 화해의 공동체가 되어야 한다. 굴종과 순응을 부추기는 현실에서 교회는 저항과 변혁의 대리인이 되어야 한다.

3
우상, 권세, 그리고 예배

우상숭배

급진적 학생 운동에 몸담던 시절 혈기 넘치는 사회 운동가들과 더불어 나는, 우리 주변의 문제에 대한 책임이 악을 행하는 국가 지도자들과 무지한 대중들에게 있다고 생각했다. 우리는 정책 결정자들을 대항해 투쟁해야 하고, 지금 일어나고 있는 일을 국민에게 알리면 모든 것이 바뀔 것이라고 믿었다. 이제 나는 더 이상 그것을 믿지 않는다. 오늘날 당면한 문제들, 뿌리 뽑아야 할 우리 사회의 근본적인 문제들은 정보와 교육, 기술이 부족해 생긴 것이 아니다. 나는 이제 인간의 삶과 사회에서 벌어지는 불법, 폭력, 비인간적 행위, 참기 힘든 고통은 근본적으로 집권자들과 대중이 선택하는 도덕적·영적 문제와 관련이 있다고 믿는다.

이러한 선택들은 성서가 말하는 우상과 밀접하게 관련되어 있다. 우상숭배는 성서 전체를 관통하는 중심 주제다. '우상숭배'하면 사람들은 고대의 이교 의식과 사이비 종교의 온갖 이미지들을 먼저 떠올리지만 성서는 우상숭배가 문화와 나라, 시대를 초월해 지금도 여전히 나타난다고 말한다.

우상숭배의 형태는 다양하다. 직접적이고 노골적인가 하면 매우 교묘해 쉽게 알아차리기 힘든 형태도 있다. 오늘날 주위를 둘러보면 개인이나 관계, 제도나 이데올로기, 운동 그리고 국가까지도 우상숭배의 늪에 깊이 빠져 있다. 우리에게 예배와 굴종을 강요하는 우상들은 결코 낯설지 않다. 이를테면 돈, 재물, 권력, 인종, 계급, 섹스, 국가, 지위, 성공, 일, 폭력, 종교, 이데올로기, 명분 같은 것들이 있다. 기업과 경제 단체들, 국가와 정부 기관들, 기업가와 공직자들, 직업들과 대학들, 미디어와 연예계, 그리고 교회마저 그와 같은 우상들의 매력에 흠뻑 빠져 있다. 사람과의 관계에도 지대한 영향을 끼치는 이 우상들은 경제와 정치 제도, 사회와 문화에서 우리는 그 존재를 실감할 수 있다. 오늘날 우상들은 언어 자체를 왜곡해 거짓을 진리로 바꾸는 그럴 듯한 능력으로 자신을 정당화하고 이데올로기와 정보 체제의 구축을 통해 영구 집권을 꿈꾸고 있다.

성서적으로 보면 우상은 생명의 원천이신 하나님을 뒷전으로 내몰고 자기 힘으로 생명과 구원을 얻겠다는 결단에서 생긴다. 우상이란 윌리엄 스트링펠로우의 말대로 "하나님의 이름을 사칭하는 것들"이다. 우상은 사물이나 사상이나 개인, 혹은 기관들일 수도 있다. 우상은 인간을 사물에 머리를 숙이거나 고분고분하게 만들어 인간을 비인간화한다. 인간을 섬기는 데 이용되어야 할 것들이 오히려 인간으로 하여금 그것들을 예배하게 만든 것이다. 이것이 성경이 말하는 우상숭배의 본질이다. 우상은 자신을 궁극적 관심의 대상으로 삼을 것을 요구한다. 사물, 기관, 사상, 개념, 특정 인물이 하나님을 몰아내고 대신 그 자리를 차지하는 것이다. 우상숭배는 생명을 내어주고 구원하신 하나님을 부인한다. 높임을 받을 자격이 없는 대상들에게 머리를 숙이게 만들어 인간을 비인간화하는 것이다. 나아가 우상숭배는 인간을 섬기도록 되어 있는 창조 질서를 어지럽혀 인간을 종처럼 부린다.

우상숭배란 하나님이 아닌 다른 무엇을 예배하고 그것으로 생명과 구원을 얻겠다는 신앙이다. 우상숭배란 주변 환경의 특정 부분, 즉 손을 뻗으면 가질 수 있고 자기 삶에서 사라진 만족감과 성취감을 줄 수 있으리라 생각되는 실재의 한 부분과 자신을 동일시하는 것이다. 우상숭배란 하나님을 믿지 않고 자기 뜻대로 하는 것은 물론이고, 자기 것으로 만들 수 있다고 생각하는 그 무엇에 의존하는 것이다. 따라서 자기 이익을 챙기고 소비하는 것이 우상이 말하는 구원의 모습이 된다. 이러한 구원은 자신이 바라는 어떤 것, 곧 우상과 개인적으로 동일시하는 것에 달려 있다. 이러한 생활방식을 성서는 어둠과 죄 가운데 사는 것이며, 스스로 소비할 수 있는 가능성과 자신이 우상들을 마음대로 부리고 있다는 착각에 빠진 삶이라고 말한다.

대부분의 사람이 물질적 안정과 위로, 권력과 지배, 사람들의 평판과 감각적인 만족, 남다른 경험 등을 선택하려 한다. 그러나 그러한 것으로 만족감을 느끼고 공허함을 달래며 성취감을 맛보더라도 언제나 허전하기 마련이다. 인간은 언제나 더 많은 것을 바라지만 결코 만족하지 못한다. 자기 잇속도 챙기고, 소비하고 남을 조정하는 생활방식을 통해 구원을 얻으려는 사람들은 다른 사람들을 자신의 구원을 빼앗아 가려는 경쟁자로 여긴다. 그들이 바라는 구원은 개인적인, 그것도 자기 중심적인 차원에서 가치를 부여할 뿐 주변인을 경쟁 상대로 만드는 소비 상품이기 때문이다. 생명의 근원을 무시한 채 구원에 목을 매고, 소비와 조종을 통해 구원을 얻으려 하고, 타인을 경쟁자로 볼 때 나타나는 결과는 소외, 곧 하나님과 타인과 자신으로부터의 소외일 뿐이다.

우상숭배와 그에 따른 소외는 다시 우리를 죽음의 잔치로 이끈다. 윌리엄 스트링펠로우의 말을 들어 보자.

> 여기서 사용된 '죽음'이라는 단어는 성서에서 보듯이 다양한 의미를 갖는다. 이것은 육체적 죽음은 물론이고, 인간의 삶과 발전, 그리고 존엄성 등이 여러 형태로 축소된 것을 포함한다. 자기 자신에게서와 타인에게서, 그리고 하나님에게서 어떤 식으로든 멀어지는

것이다. 어떤 우상숭배든 인간의 존엄성은 떨어지고, 자아 성취는 벽에 부딪치고 만다. 여러 가면을 쓴 우상을 숭배하는 자들이 진짜로 예배하는 것은 결국 죽음이다. 반면에 믿음으로 의롭게 된다는 선언은 인간 생명의 온전함이 선물로 받은 것이라는 단호한 확증이다. 인간이 손과 머리로 만든 작품에 종노릇 하는 것에서 해방되었다는 것은 자신의 소명을 확인하고 자기 자신과 다른 사람들, 나아가 창조 세계 전체와 관계를 맺으면서 더욱 풍성한 삶을 누린다는 의미다.[1]

이 순환과 그에 따른 파괴적 결과는 개인뿐 아니라 공공 기관에서도 확연히 드러난다. 인간이 행복하게 살도록 보탬이 되는 공공의 집단으로 거듭나야 할 공적 기관들이 오히려 자기 잇속을 챙기고 사람들을 마음대로 부리려고 한다. 이렇게 곁길로 나간 기관들은 실패에 따른 책임을 다른 이들에게 떠넘긴다. 그리고 자신들이 제시하는 구원 계획을 거부하거나 방해하면 누구든 '적'으로 여기고, 자신의 목표와 연속선상에 있거나 기여한다고 생각되는 것들은 적극 장려한다. 그 대상은 특정 기관은 물론이고 그 기관이 기대거나 수행하는 정치와 경제, 사회 문화 체제 등 수도 없이 많다. 자아 성취 또한 그 기관들이 얼마나 존속되느냐에 달려 있다. 우상숭배의 순환을 끊으려면 우상과 동일시하는 것에서, 타인을 경쟁자이자 자신의 구원을 위협하는 반대 세력으로 보는 시각에서 벗어날 수 있게 해줄 생명의 원천과 관계를 맺어야 한다. 구원이 자신을 초월하는 다른 존재로부터 온다는 것을 깨닫게 될 때 우리는 자기 잇속 챙기는 것을 버리고 기꺼이 다른 사람들을 섬길 수 있게 된다. 그리스도의 삶과 죽음은 사랑과 희생으로 소외를 극복할 때 구원과 화해가 가능하다는 살아 있는 증거다. 스스로 낮아져 자신을 희생할 때, 그리스도 공동체는 그리스도께서 인간의 소외를 극복하셨음을 드러내고 인간의 삶을 주장하는 우상의 권세를 타파할 수 있게 된다.

타락

미국은 타락한 나라다. 타락은 미국뿐 아니라 여러 국가들의 정치적·영적 현실이다. 그러나 교회는 더 이상 성서가 가르치는 타락을 믿지 않는다. 우리가 정말로 성서를 믿는다면 가난한 자들과 소수자들, 곧 국가가 국가 발전의 걸림돌로 낙인 찍은 사람들에게 가한 폭력과 억압을 외면할 수는 없을 것이다. 성서의 가르침에 충실하고자 한다면 제3세계에 대한 전쟁과 같은 잔학 행위에 울분을 토했을 것이다. 정치 부패와 국가 안보 기관의 폭력적 행동에서 드러나는 전체주의적 사고에 충격을 받지도 않을 것이다. 미국을 위시한 강대국하면 떠오르는 도덕적 광기, 진실 은폐, 불법, 폭력, 무질서, 그리고 잔인성을 설명하는 데는 이데올로기적 분석이나 학문적 설명이 아닌 성서의 타락 교리 하나면 충분하다. 성서는 창조 세계가 하나님에게서 멀어지면 인간과도 멀어진다고 가르친다. 성서는 타락과 그에 따른 소외가 사람들과의 관계에 그치지 않고 기관, 국가, 정부, 기업, 이데올로기, 제도, 관료, 사상, 우상들 - 성서에서 통치자들과 권세들로 언급하는 구조적 실재들 - 에 광범위하게 영향을 미친다고 말한다. 그러나 오늘날 타락에 대한 교회의 이해는 너무나 순진하고 협소하고 잘못된 정보에 근거해 성서적으로 문제가 있다. 실제로 기성 교회의 복음전도와 행습은 타락의 현실을 부정하거나, 국가나 선호하는 기관들, 혹은 애지중지하는 우상들이 타락과 아무런 관계가 없다는 주장만 되풀이하고 있다.

사람들이 당하는 고통에 대한 책임이 상당 부분 미국에 있다는 주장을 마뜩찮게 생각하는 이들이 많다. 미국이 국익을 위해 경제와 문화에서 제국주의적 본성을 드러내고 군사적 공격을 감행하거나 대규모 폭력과 집단학살을 주도했다고 비난하면 미국인들은 흠칫 놀란다. 이 나라의 사회 체제가 한 나라의 운명을 자기 뜻대로 할 수 있다는 독선적 신념, 인종적 우월주의, 인간의 가치가 아닌 물질적 가치에 우선을 두고 있다는 말을 하면 미국인들은 발끈한다. 미국 사회를 지배하는 경제 및 정치 기관들이 불법을 자행하고 영속화하려는 전략을 폭로하면 그들은 문제를 옹호하려고만 한다. 그들의 계획을 진척시키거나 권위와 힘의 보존과 확대가 필요할 경우, 선전과 선동을 이용해 스스로를 정당화하고 교묘한 형태의 통제,

억압, 강제, 힘을 과시하거나, 여의치 않으면 살인까지도 저지르고 있다는 주장에 미국인들은 격렬하게 저항한다.

자신들의 나라, 자신들의 체제, 자신들의 '편'이 순수한 동기를 갖고 행동한다는 믿음, 조국의 근본적 가치, 목적, 제도, 기관들은 한 점 부끄럼 없이 고결하다는 믿음(이를테면, 미국은 자유와 개인의 행복을 수호하기 위해 행동할 뿐이고, 경제나 정당에 유익한 것이라면 모두에게도 그럴 것이고, 군사력은 평화 수호를 위해 유지할 뿐이고, 땀 흘려 일하면 누구나 성공할 수 있다는 믿음 등)은 미국인들에게 더없는 자랑거리다. 이러한 사회적 신화들은 미국뿐 아니라 여러 국가들에서도 흔히 볼 수 있는 것으로, 폭력과 억압을 일삼는 나라에서 특히 그렇다.

이러한 생각의 근본적인 문제점은 그것이 본래 정치적인 문제가 아니라는 것이다. 문제는 '정확한' 정치적 분석보다 더 깊고 더 근본적이다. 근본적인 문제는 성서적인 것으로, 그것은 타락을 가볍게 여기는 순진한 신학적 이해에 기인한다. 이러한 잘못된 시각은, 교회가 세상에 물들면서 자신의 뿌리가 성서에 있음을 망각하고 우상숭배로 빠졌기 때문에 생겨난 것이다.

타락으로 인해 인간의 삶과 사회 전체가 영향을 입고 있다는 인식이야말로 성서적 정치학을 이해하는 첫걸음이다. 미국을 비롯한 여러 국가들과 사회 기관들이 펼치는 정책을 볼 때 이와 같은 성서적 이해는 매우 시급하다. 우리의 무지로 인해 권력이 남용되어 불의가 일어나도록 방치한 사례들을 우리는 수없이 접해왔다. 주위에 일어나고 있는 사건들을 보면 최고 정책 결정자들의 결정은 매우 치밀한 계산에 의한 것임을 우리는 알 수 있다. 또한 신약성서를 꼼꼼히 읽어보면 백성 위에 '군림'하려고 할 뿐 아니라 그들을 발아래 굴복시키려 하는 권력 기관들이 영적 세력 손에 넘어갔다는 사실을 알 수 있다. 지나친 순진함, 잘못된 이상주의, 공적 관심과 감상벽은 더 이상 권력의 기저를 이루는 결정적 특징이 아니다. 오늘날 세계 체제를 지배하는 권력들의 본질과 실재를 맞닥뜨리는 일은 교회와 그 권력들과의 관계를 다시 생각해보는 것에서 시작한다. 의도적 속임수와 공적 거짓말에 대해 우리는 책임을 물어야 한다. 권력이 자신의 입맛에 맞게 언어를 요리해 언어는 이제 실재와 아무런 관계가 없게 되었다(명예로운 화평, 방어적 태도, 국가 안보, 자유 기업, 국민, 공화국, 화해, 법과 질서, 종교의 자유 같은).

미국 국민은 모순에 관대한 놀라운 능력을 계발해왔다. 그것은 제국으로서 치르는 대가다. 이것이 역설적인 것은 희생자들, 곧 미국의 모순으로 인해 고통당하는 사람들이 없다면 그것이 거의 웃음거리가 되기 때문이다. 미국 국민은 경제와 정치권의 지도자들에게 엄청난 권세와 힘을 승인해주는 대가로 풍요함과 국가적 자긍심, 그리고 미래에 대해 확실한 보장을 약속받는다. 그리하여 미국은 초강대국으로서 세상을 호령하고, 지도자들은 미국이 자주적 결정과 자유에 기여한다고 입에 침이 마르도록 떠들어댄다. 이 정부는 전 세계의 무수한 인명을 살상하면서 자신의 만행을, 전쟁을 치르는 연도와 정부의 공식 라인에 따라 '공산주의 아래 있는 국민 구하기' '중국 견제하기' '미국인의 생명 지키기' '우리의 기여를 중단하지 않기' 혹은 '포로 된 자국 병사들 명예롭게 귀국시키기' 등으로 허울 좋게 둘러댄다. 이 나라의 지도자들은 한편으로는 거짓말로 속이고 은밀한 일을 꾸미고, 다른 한편으로는 가난한 자들의 입을 틀어막고 "법과 질서의 수호"라는 명분 아래 반대자들을 잡아 가두느라 정신이 없다. 미국은 독재자들을 매수하면서도 여전히 자유 세계의 수호자로 자처하는 재주를 갖고 있다. 미국인들은 전세계 소비 자원의 절반을 먹어치우면서 모든 복의 근원 되시는 하나님을 찬양하는 두 얼굴을 갖고 있다. 이런 상황이기 때문에 예언자들의 '진실 말하기'는 책임 있는 성서적 백성의 중심 과제가 된다.

    나라 안팎에서 제도적으로 끼치는 악과 고통에 맞서는 방법을 알기 위해서는 이 나라 권력의 본질과 구조를 새롭게 이해할 수 있어야 한다. 그러한 이해는 성서 공부와 사회적·정치적 상황, 그리고 사건들에 대한 치밀한 연구를 통해서만 가능하다. 제2차 세계대전 이후 오늘날의 상황에 대한 끔찍한 무지와 냉담을 거울 삼아 새로운 통찰을 얻는 일은 사회를 변화시키고 기독교적 온전함을 되찾는 데 필수적이다. 권력의 강제적 행사가 낳는 참혹하면서도 파괴적인 결과들을 절대적 요구를 하고 심판을 내리시는 도덕적 하나님뿐 아니라 그 희생자들도 더는 용납하지 않을 것임이 점차 분명해지고 있다.

이 세상의 권세들

우상숭배와 타락이 낳는 파괴적인 결과들은 기관들 및 구조적인 현실과 밀접하게 관련되어 있다. 조직들은 인간의 삶을 풍요롭게 하고 향상시키기보다는 궤도에서 이탈해 착취하고 지배하고 악마적 속성과 활동을 노골적으로 드러낸다. 가령 오늘날 경제 기관들은 이윤을 창출하고 부를 쌓고 가난한 자들과 노동자들과 소비자들을 착취하는 한편, 자원과 서비스를 공정하게 분배하는 대신 환경을 파괴하고 있다. 정치 기관들은 지배 계층과 집권당의 전유물이 되어, 자신의 권력과 통제권을 집중화하고 확대하며 순응과 묵종을 요구하려 하고, 공적 정의와 복지 문제를 해결하기 위해 대화와 참여를 독려하기보다는 자신의 전체주의적 야심을 지지하도록 강요하고 있다. 교육 기관들은 사회가 규정한 역할들을 선전하고 준수하게 하고 지위와 자격증을 부여하려고 하며, 가르치고 성숙하게 만드는 중심 기관으로서 기능하기보다는 부자들과 권력자들이 뜻을 이루려는 데 동조하도록 만든다.

사회학적으로 조직들과 구조들, 관료제 등은 그것을 구성하는 개인들의 합보다 크고, 자기 생존력을 갖는다고 말한다. 이는 성서적 통찰에 의해 확증되는 바다. 그동안 신학계에서는 "통치자들과 권세들" - 혹은 줄여서 권세들 - 에 대한 연구를 소홀히 해왔는데 최근에는 이것에 관심을 보이기 시작했다. '권세들'에 대한 성서적 연구는 헨드릭쿠스 벌코프의 『그리스도와 권세들』, 윌리엄 스트링펠로우의 『낯선 땅에서 사는 그리스도인들과 이방인들』, 존 하워드 요더의 『예수의 정치학』 등을 비롯하여 자끄 엘륄이 주도하였다.

벌코프는 신약성서가 '권세들' '정사들' '권위들' '요소들' '영들' '신들' '마귀들' '주권들' 그리고 '왕권들'이라 부른 것들은 오늘날 국가, 계급, 인종, 정치, 사회적 갈등, 여론, 도덕, 전통, 국익, 종교, 도덕 규칙, 사법 제도, 사상, 이데올로기, 윤리적 삶의 양식 등과 같은 것이라고 말한다. 스트링펠로우는 여기에 '다수'라는 권세를 덧붙이면서, 온갖 형태의 조직, 이데올로기, 이미지, 운동, 명분, 기업체, 관료제, 전통, 관습, 재벌, 인종, 국가, 우상 등을 나열한다.

요더는 성서가 말하는 권세들을 종교적 구조들, 지적 구조들(~이데올로기와 ~주의), 도덕적 구조들(규범과 관습), 그리고 정치적 구조들(폭군, 시장, 학교, 법정, 인종 및 국가)로 분류한다. 이것이 신약성서가 '권세들'로 언급하는 다양하기 이를 데 없는 구조들과 조직들, 집단적 실체들이다.

신약성서는 권세들을 언급할 때 타락한 본성에 초점을 맞추지만, 그것 역시 본래는 하나님이 창조하셨기 때문에 선한 창조의 일부였다고 말한다(골 1:15-17). 하나님은 권세들을 지으면서 그것에 '피조물로서의' 본성 또한 부여하셨는데, 이 본성은 인간의 노력이나 인간이라는 피조물을 합성하여 만든 것이 아니기 때문에 권세들은, 흔히 오해하듯 인간의 통제나 지배에 쉽게 넘어가지 않는다. 그리스도를 통해 창조된 권세들은 사랑의 하나님이 인간의 삶과 사회를 하나로 묶고, 그것을 보존하고, 섬기고, 지시하고, 하나님의 사랑과 인간의 경험을 결속시키는 도구가 되도록 지음 받았다. 권세들을 창조하면서 하나님은 그것들에게 하나님의 사랑과 뜻을 제대로 반영하라는 매우 선한 역할을 부여하셨다.

그러나 우리는 왜 하나님이 권세들을 지으셨는지, 그리고 구체적으로 어떤 역할을 주셨는지는 잘 모른다. 지금 우리가 확신할 수 있는 것은 권세들이 지금 우리를 지배하고 있다는 사실이다. 원래 인간을 섬기도록 되어 있는 세상 구조들이 거꾸로 우리에게 주인 행세를 하고 채찍을 휘두르고 있다는 것이다. 이 모든 것이 권세들을 공범자로 만든 타락이 낳은 결과다. 인간들만이 하나님께 반기를 들고 대적한 것이 아니라는 말이다. 권세들은 지금도 우리를 하나님의 사랑에서 떼어놓으려 호시탐탐 기회를 엿본다(롬 8:38). 하나님의 사랑의 도구 됨을 포기한 권세들은 이제 하나님의 뜻과 목적에 노골적으로 반대하고 저항한다. 실제로 권세들은 하나님의 자리를 넘보고 자신들을 궁극적인 가치와 중요성을 지닌 절대적인 존재로서 충성하고 복종할 것을 요구하기에 이르렀다(갈 4:8). 하나님과 인간의 친밀한 유대를 위해 애써야 할 권세들이 그 사이를 이간질하고 하나님과 그분의 창조 세계 사이에, 하나님의 자녀들 사이에 담을 세우고 있는 것이다. 스트링펠로우는 인간의 삶과 사회를 섬기고 향상시키도록 지음 받은 바로 그 구조들이 주인 행세를 하고 인간을 자신들의 노예로 삼았기 때문에 권세들의 타락이 지배권의 도치 또는 역전 현상을 가져왔다고 말한다. 이 권세들은 우리에게 궁극적 의미와 진리를 주겠다고 주장하고, 자신들이 마치 역사의 주인인 것처럼 충성을 요구하고, 나아가 우리에게서 인생의 참된 의미를 앗아가면서 우상의 자리에 올랐다. 창조 당시 중요하면서도 온당한 목표를 받았던 권세들은 전체주의적 야심을 품고 이를 거부하고 인간과 역사를 종으로 삼은 것이다.

그러나 권세들이 타락하고 반역했음에도 불구하고 주권자 하나님은 지금도 그들을 사용해 세상의 몰락을 막고 계신다. 하나님은 자신의 뜻을 이루는 데 권세들을 사용하신다. 때로는 그들이 알지도 못하게, 때로는 그것들끼리 서로 경쟁을 시키면서, 때로는 너무나 놀라운 방식으로 그렇게 하신다. 권세들은 세상이 혼란으로 빠지는 것을 막는 틀을 제공하기도 한다. 사도 바울의 말대로, 그리스도를 따르는 사람들은 이전에는 이 세상 권세들의 지배 아래 살았으나 예수 그리스도 안에서 하나님을 알아 종노릇에서 자유하게 되었다. 그리스도의 구속을 받은 우리들은 이제 하나님만 믿고 더 이상 세상 권세들에 종노릇하지 않아도 된다(갈 4:1-11). 하나님으로부터 소외된 사람들은 권세들에 의존하고, 권세들이 인간의 삶과 사회가 존속하도록 제공하는 구조가 없으면 불안해한다. 이것이 하나님의 돌보시는 섭리다. 그리스도의 자유케 하심을 모르는 세상에서 권세들은 인간을 결속시켜 혼돈을 막는 긍정적 역할을 한다. 그러나 신약성서는 궁극적으로 권세 아래 사는 삶을 종노릇 – 곧 그리스도 안에서 하나님이 선물로 주신 삶과 비교하면 살았다고 하나 실상은 죽은 – 하는 삶으로 묘사한다.

그리스도와 권세들

그리스도의 십자가와 부활은 하나님의 원수인 이 세상 권세들의 숨겨진 본성을 적나라하게 드러내는 동시에, 인간의 삶을 어찌지 못하게 만드는 결정적 사건이다. 이 세상 권세들의 통치와 지배가 그리스도의 사역으로 종말을 맞았다는 사도 바울의 다음의 묘사는 가히 압권이다.

> 또 범죄와 육체의 무할례로 죽었던 너희를 하나님이 그와 함께 살리시고, 우리의 모든 죄를 사하시고, 우리를 거스르고 불리하게 하는 법조문으로 쓴 증서를 지우시고, 제하여 버리사 십자가에 못 박으시고, 통치자들과 권세들을 무력화하여 드러내어 구경거리로 삼으시고, 십자가로 그들을 이기셨느니라.(골 2:13-15)

바울이 보기에 그리스도의 구원은 개인의 죄와 관련해서도 중요하지만 세상 권세들의 종노릇에서 해방되었다는 점에서 더 의미심장했다.

  타락한 권세들에 종노릇 하는 중에서 그리스도는 자유롭고 인간답게 사심으로써 권세들의 주권이 절대적이라는 신화와 환상을 산산조각 내신다. 그리스도는 반항 세력들, 곧 자신들의 통치와 궁극적 가치가 역사의 중심이라는 기만적인 환상에 젖어 있던 반항 세력들의 무장을 해제시키고 그 무기들이 그저 장난감에 불과했음을 밝히셨다. 그분은 권세들을 상대로 다시는 하나님의 자리를 넘보지 못하게 하고 자신들의 정체를 깨닫게 하셨다. 세상 권세들에 맞서 참된 자유와 진정한 인간애를 보여 주신 그리스도의 방법은 바로 십자가였다. 그분처럼 살고자 하는 자들이라면 반드시 따라야 할 하나님의 방법 말이다. 그분은 권세들의 주장과 통치에 반기를 들었고, 목숨을 연명하거나 우상을 자처하는 그들의 종이 되지 않으셨다. 이와 같은 그분의 참된 자유와 진정한 인간애의 본보기를 통해 타락한 세상 권세들의 실상이 폭로되자 그들은 그분을 죽일 궁리를 했다. 그렇게 십자가는 죽음이 승리에 삼킨 바 된 자유의 표지가 되었다. 죽은 자들 가운데서 일어나신 그리스도는 그분의 삶과 죽음의 방식을 지지하고 그분의 승리를 확증하는 것은 물론이고, 다른 사람들이 '그리스도 안에 거함'으로써 권세들이 억압하는 중에도 자유로우면서도 인간답게 살아갈 수 있는 토대를 마련하신 것이다. 이를 벌코프는 『그리스도와 권세들』에서 다음과 같이 멋지게 요약한다.

여느 곳에서처럼 여기서도 부활의 영원한 짝인 십자가를 통해 그리스도는 원죄의 결과로 우리 존재를 위협하고 고소하는 노예제를 폐지하셨다. 십자가에서 권세들을 '무력화'시키셨고 그들을 구경거리로 만드셨다. 바울은 십자가에서 권세들에게 일어난 일을 각기 다른 세 개의 동사를 사용하여 매우 적절히 기술한다.

예수는 "통치자들과 권세들을 구경거리로 삼으셨다." 베일에 싸였던 권세들의 정체를 드러낸 것은 바로 십자가였다. 그전까지 그것들은 없어서는 안 될 궁극적 실재, 세상의 신들로 대접받았다. 이러한 믿음이 속임수라고는 누구도 상상하지 못했고 또 그럴 수도 없었다. 그런데 참 되신 하나님이 그리스도 안에서 인간으로 이 땅에 오시면서 권세의 정체가 폭로된 것이다. 하나님의 도구가 아닌 하나님을 대적하는 존재임이 드러난 것이다. 유대교 율법을 대표하는 서기관들은 율법을 주신 하나님의 이름으로 오신 그리스도를 바로 그 율법의 이름으로 십자가에 못 박았고, 그리스도의 성전을 지키는 제사장들은 바로 그 성전의 이름으로 그분을 십자가에 못 박았다. 개인적인 경건을 강조하는 바리새인들은 바로 그 경건이라는 이름으로 그분을 십자가에 못 박았다. 로마의 정의와 법을 대표하는 빌라도는 진리 자체이신 그분을 공평하게 다루라는 요구에 직면했을 때, 그분을 처벌하는 것이 로마의 정의와 법을 실현하는 길이라고 생각했다. 자신들을 신으로 숭배하게 만든 이 세대의 통치자들 가운데 어느 누구도 하나님의 지혜를 알지 못했다. "알았더라면 영광의 주를 십자가에 못 박지 않았을" 것이다(고전 2:8). 그러나 인간으로 오신 하나님을 대면하자 권세들이 거짓 신으로 밝혀졌고 그것들은 이제 사람들의 구경거리가 된 것이다.

이렇게 그리스도는 십자가로 권세들을 이기셨다. 그들의 가면을 벗기는 순간 그들의 패배는 기정사실이 되었다. 그러나 이는 하나님이 그리스도 안에서 몸소 이 땅에 오셨음을 깨닫는 사람들의 눈에만 보일 뿐이다. 십자가와 부활은 불가분의 관계다. 부활은 그리스도 안에서 하나님이 이미 이루신 일, 즉 세상 권세들에 도전을 가하고 그들의 나라로 침투해 들어가 그들보다 더 강하다는 것을 보여 준 사건이다.

하나님이 이기셨다는 확실한 증거는 그리스도께서 십자가 위에서 권세들을 "무력화"시켰다는 사실에서 확인된다. 그리스도께서는 이제까지 힘을 과시하는 데 사용했던 그들의 무기들을, 즉 환상이라는 힘, 그들이 하나님의 대리자라는 거짓말, 그리고 그것을 믿게 만드는 논리, 그들이 궁극적 확실성이자 방향성이며, 궁극적 행복이자 연약하고 힘없는 인간들을 책임질 존재들이라는 허구 등과 같은 무기들을 무력화시키신 것이다. 그리스도가 온 이후로 우리는 이것들이 모두 허구임을 알게 되었다. 우리는 더 고귀한 운명으로 부르심을 받았다. 우리는 더 고상한 분의 지시를 따른다. 우리는 더 위대한 보호자의 그늘 아래 산다. 이제는 그 어떤 권세도 우리를 그리스도 안에 있는 하나님의 사랑에서 떼어놓을 수 없는 것이다. 가면이 벗겨지면서 정체가 적나라하게 드러난 권세들은 이제 더 이상 우리를 어찌지 못한다. 십자가는 그것들을 허수아비로 만들어 버렸다. 십자가가 선포될 때마다 이 세상 권세들의 정체가 폭로되고 무력화되는 역사가 일어나는 것이다.[2]

그리스도가 삶과 죽음, 부활을 통해 세상 권세들을 꺾으셨으므로 예수 그리스도의 교회는 이를 증언하고 선포하는 것이 마땅하다. 교회를 탄생시켜 역사를 움직이는 새로운 힘이 되게 하신 것은 "교회로 말미암아 하늘에 있는 통치자들과 권세들에게 하나님의 각종 지혜를 알게 하려 하심이니, 곧 영원부터 우리 주 그리스도 예수 안에서 예정하신 뜻대로 하신 것이다"(엡 3:10, 11). 유대인들과 이방인들로 구성된 교회가 이전에 이 세상 권세들에 따라 서로 원수처럼 지내다가 이제는 그리스도의 사랑 안에서 함께 교제를 나누고 있다는 사실은 권세들의 통치가 끝났다는 확실한 증거다. 도덕적으로 이 세상에 의존하지 않는 사람들의 모임이 있다는 사실만으로도 교회는 영향력을 행사하고 지배를 일삼는 권세들은 두려워 떤다. 교회는 공동체 생활을 통해 끝나지 않을 것 같던 권세들의 지배가 마침내 종말을 맞았음을 보여 준다. 의존적이지 않으면서도 구체적으로 가시화된 교회의 메시지는 그들이 세상의 기관들에 행사하는 온갖 형태의 비판을 물거품으로 만들 것이다. 다시 벌코프의 말을 들어 보자.

교회 자체가 저항과 공격이 되지 않으면, 즉 교회가 인간이 어떻게 권세들에게서 해방된 삶을 살 수 있는지를 삶과 교제를 통해 보여 주지 않으면 이 세상 신들에게 아무리 저항하고 공격을 해봤자 소용이 없다. 교회가 삶을 통해 이 세상 신들의 사슬에서 벗어난 기쁨을 보여 줄 때에라야 교회는 맘몬에게 하나님의 지혜를 알게 할 수 있다. 국가주의를 거부하려면 사람들 사이에는 더이상 아무런 차이가 없다는 인식부터 있어야 한다. 정의와 자비가 우리 공동체에서 강 같이 흐르고, 내편 네편으로 구분하는 사회적 행습이 사라질 때에라야 비로소 사회적 불법과 공동체 붕괴와 관련된 문제를 제기할 수 있게 된다. 국가나 국민을 향한 통찰력 있는 메시지나 행동이 자신의 내적 삶을 통해 '공중의 권세 잡은 자들'에게 하나님의 각종 지혜를 알게 하는 교회에서 시작되지 않는다면 그것은 아무런 효력을 발휘하지 못할 것이다.[3]

"교회의 타인 됨"은 세상 풍조를 따르지 않을 때 생기는 강함에 기초한다고 요더는 말한다. 교회의 강함은 "교회가 종노릇 하는 공동체가 아닌 해방을 알리는 전령이 되는 것에 달려 있다." 교회는 "검이 아닌 십자가에 의해 탄생"되었기에 이 세상 권세들의 유혹에 날을 세우고, "자신의 존재 자체로 권세들의 반란이 이미 진압되었음을 보여 주어야 한다." 교회가 몸소 겪어보지도 않은 해방과 화해를 세상에 전할 수는 없는 것이다.

그리스도는 세상 권세들의 가면을 벗겨 정체를 폭로하고 무장을 해제시키셨다. 무소불위의 힘을 자랑하던 이 세상의 권세들은 그분의 십자가와 부활로 결정적인 패배를 맛보았다. 그리스도의 부활 승리는, 그분이 다시 오셔서 이 세상 나라가 우리 주님의 나라로 바뀔 때 모든 권세는 물론이고, 죽음의 세력까지도 권좌에서 쫓겨날 것이라는 보증이다(고전 15장). 우리는 지금 하나님 나라의 '이미'와 '아직' 사이에 살고 있다. 이것이 신약성서가 말하는 그리스도인의 삶에 있는 긴장이다.

성서는 통치자들과 권세들이 다스리는 '이 세상'을 역사 속으로 침투해 들어와 그들의 철권통치를 끝낸 하나님 나라와 날카롭게 대비시킨다. 그리스도에 의해 시작된 하나님 나라는 도래를 손꼽아 기다려야 할 실재인 동시에, 지금 여기에 이미 와 있으며 진행중인 실재다. 이 새로운 질서는 예수가 죽음을 이기고 새로운 생명을 선포하실 때 시작되었다. 이 새로운 질서가 우리 가운데 들어와 있고 미래에 완성될 것이라는 약속은 그리스도인들에게 희망과 가치를 주는 토대가 된다. 아직 미완성이기는 하지만 하나님 나라는 분명 현존하는 실재다. 그리스도 공동체는 우리가 체험하고 있는 이 새로운 실재에 비추어 살아야 할 '새로운 창조 세계'다. 그렇기 때문에 새로운 질서의 백성이 된 그리스도인들은 어둠 가운데 걷지 말고 빛의 자녀로 사는 것이 마땅하다(엡 5:11). 그리스도인들은 옛 질서의 권세들에게 복종할 것이 아니라, 변화를 받아 새로운 가치관과 규범에 따라 살아야 한다. 벌코프는 이 점을 명확히 설명한다. "권세들은 분명 현존하지만 그리스도를 전파하고 믿을 때 그들의 활동은 위축된다. 이는 권세들의 패배가 곧 실제로 일어날 것이라는 신호다. 그들이 영향력을 미치는 영역이 좁아지고 있음은 그리스도의 교회가 존재하고 있다는 명백한 증거다." 교회란 '이 세상 권세들의 전략을 꿰뚫어 보고', 그들의 우상숭배적 주장과 계획을 물리치고, 그들의 중요성과 가치를 '평가절하하고', 인생에 영향을 미치는 그것들에 제동을 거는 공동체다. "교회는 세상의 권세들이 정당한지를 조사하는 그리스도 공동체다." 세상 권세의 힘은 교회 안에 계시는 그분에 견줄 바가 못 되기에 최종적 승리는 시간 문제일 뿐이다. 교회가 분별의 은사를 받은 이유는, 인간을 자기편으로 끌어들이려는 싸움에서 그리스도께서 세상 권세들을 물리치셨다는 소식을 전하기 위해서다.

우리에게 고통을 주는 구조적 실재들은 하나님께 노골적으로 반기를 든 타락한 권세들과 함께 인간의 삶과 사회를 마음대로 짓밟는다. 교회가 이 세상의 권세들을 이기신 그리스도를 온전히 전하려면 주인 행세를 하는 우상들을 비판하고, 전체주의적 발상과 계획을 획책하는 그것들에게 경고의 메시지를 보내야 한다.

스트링펠로우는 인간 생명에 대한 이 세상의 권세들의 적개심은 인간이 죽음의 세력에 복종하고 예배하는 것이 마땅하다는 표현으로, 이는 이 세상이 도덕적으로 심히 타락해 있음을 보여 주는 증거라고 지적한다. 하나님의 말씀은 생명을 낳지만, 타락한 피조물인 권세들은 죽음을 낳고 그것에 충직한 하수인을 만든다. 이 세상에서의 충돌, 곧 하나님 백성과 세상 권세들 사이에서 일어나는 전투는 생명이 죽음에 내민 도전장이다.

벌코프와 스트링펠로우는 하나님께 반역적인 권세들의 무기와 전략을 이렇게 기술한다. "선동, 테러, 이데올로기화, 진리 부인, 표리부동, 허세, 은밀함, 과시, 감시, 조롱, 과장, 속임, 저주, 요술, 횡령, 분열, 도덕적 타락 등." 언어 또한 왜곡되어 의미가 전도되고 조작되었으며, (스트링펠로우의 표현대로) 바벨에서의 폭력으로 의미를 잃게 되었다. 오늘날 그것들은 말과 목소리로 이해할 수 없는 허튼소리, 궤변, 전문 용어, 소음, 목소리, 말, 거짓, 신성모독 등 헤아리기 힘들 정도로 많다.

교회가 그리스도의 승리를 드러내려면 권세들의 손아귀에서 벗어난 삶의 새로운 양식들을 만들어 내야 한다. 이를테면, 그것들을 중립화하고 상대화하고 비신화화하고 이데올로기를 부정하고 권세들의 정체를 폭로하는 것이다. 권세들의 주장, 범위, 영역, 권위, 힘을 축소하는 것도 한 가지 방법이다. 권세들을 겸손하게 만들어 자신을 그저 도구일 뿐이라고 생각하게 해 인간에게 봉사하고 순종하는 존재로 생각하도록 할 수도 있다. 우리는 지금 평화로운 공존이나 휴전이 아닌 전쟁중임을 바울은 일깨운다. 바울은 그리스도의 군병이자 대리인으로서 우리가 적진에 침투해 타락한 권세들과 영적으로 전쟁을 벌이고 있다고 말한다.

> 우리의 씨름은 혈과 육을 상대하는 것이 아니요, 통치자들과 권세들과 이 어둠의 세상 주관자들과 하늘에 있는 악의 영들을 상대함이라.(엡 6:12)

이 전쟁은 그렇게 호락호락하지 않기 때문에 우리는 각오를 단단히 하고 '하나님의 전신갑주'로 무장해야 한다. 바울이 말하는 하나님의 전신갑주란 진리, 의, 성령 안에서의 기도, 평안과 믿음과 구원의 복음, 그리고 하나님의 말씀이다. 이를 하나님이 우리에게 주신 이유는 "주 안에서와 그 힘의 능력으로 강건하여지고…마귀의 간계를 능히 대적하고…악한 날에 대적하고 모든 일을 행한 후에 서기 위함"이다(엡 6:10-13). 바울은 우리에게 권세들을 물리치라고 말하지 않는다. 이 일은 그리스도가 이미 하셨고 앞으로도 계속 그분이 하실 일이기 때문이다. 우리는 그저 믿음 위에 굳게 서서 우리를 유혹하고 종으로 삼으려는 권세들과 대적하여 그리스도의 승리를 증언하고 드러내기만 하면 되는 것이다.

예배와 정치

세상 권세들이 우리에게 무조건적으로 충성하는 것은 물론이고 그것에 궁극적인 가치를 부여하라고 강요할 때, 하나님만을 예배하고 그의 나라에 궁극적 가치를 부여하는 것은 급진적 행위, 곧 정치적 위협이 된다. 실제로 예배할 때 그리스도 공동체는 생기를 얻고 우상숭배를 강요하는 권세들의 주장과 목표에 심각한 타격을 가한다. 이것이 바로 이데올로기적 종교들이 예배를 오용하는 대표적인 예다. 죽음을 예배하고 떠받드는 권세들을 벌벌 떨게 만드는 교회의 유일한 무기는, 생명의 근원이자 창조자이시며 수여자이신 하나님을 기뻐하고 순전한 마음으로 예배하고 찬양하는 것이다. 성서적 관점에서 볼 때 우리의 삶은 하나님께 드리는 예배다. 예배를 윤리와 정치, 삶의 다른 부분과 동떨어진 단순한 전례나 의식 정도로 보아서는 안 된다. 예배란 하나님의 이름을 더럽히는 타락한 권세들 속에서 그분의 말씀을 신실하게 지키며 사는 그리스도 공동체의 삶의 방식이다.

그리스도 공동체는 어떤 권세가 우리의 삶을 조종하려고 하지 않는가 늘 질문해야 한다. 분별력이란 어떤 권세가 인간을 자기의 하수인이자 종으로 삼으려 하는지를 파악할 수 있는 은사다. 현대 국가는 강력한 권세, 끈질긴 유혹자, 우리의 삶을 조정하고 파괴하는, 자신들의 전체주의적 주장과 계획을 관철시키고자 우리와 사회를 철저히 통제하려 한다. 권세 혹은 통치자로서의 국가는 민족, 전통, 인종, 문화, 관습, 법, 지역 단체, 매체, 정보, 교육, 종교, 직업, 운동, 명분, 경제 체제 같은 우리를 끝없이 장악하려고 하는 세력이다. 또한 국가와 경쟁하고 우리의 삶을 윤택하게 해준다는 명분 아래 국가의 힘을 제한하는 다른 권세들을 장악하려는 세력이다. 경제계 실세들과 정치 지도자들의 결탁으로 탄생한 중앙 집권 국가는 특히 더 그렇다. 경제적 기능과 정치적 기능이 야합하면 지배층과 기업들이 모든 것을 좌우하는 거대 자본주의 국가가 탄생하는데, 이 국가는 거대 공산주의 국가와 결코 다르지 않다. 오늘날 정치 토론은 현대 중앙 집권 국가의 '필요'를 기본적으로 인정하고, 민족 국가 자체의 정당성에 이의를 제기하고, 그것에 대한 대안을 찾기 보다는 그러한 전제와 출발점의 틀 안에서 변화와 개혁을 모색하려고 한다. 그렇기 때문에 그런 식의 사회 비판은 대체로 체제 순응적이고, 동일한 사안에 대해 그저 이데올로기 버전만 바뀔 뿐 전혀 급진적일 수 없는 것이다.

현대 국가의 막강해진 힘이 사회 곳곳에 미치고 있음을 보여 주는 가장 극명한 사례 중 하나는, 절대적 충성과 복종을 요구하는 국가를 옹호하고 변호하는 교회들이 많다는 사실에서 찾을 수 있다. 예를 들어, 그런 종교 지도자들은 바울이 다른 권세와 통치자들과 마찬가지로 하나님이 위정자들을 인간의 유익을 위해 섬기는 종이 되도록 지으셨다고 가르치면서, 위에 있는 권세들의 지시에 무조건 충성하고 순종하라고 하나님의 말씀을 왜곡한다. 정치 권력의 합법적 기능과, 자신을 신처럼 떠받들고 선이 억제했어야 할 악의 출현이자 경계했어야 할 무질서와 파괴를 일삼는 국가 사이에는 언제나 팽팽한 긴장감이 존재한다고 신약성서는 말한다. 국가의 악마적 잠재력과 본성은 이 세상의 통치자들과 권세들의 타락과 반역이 낳은 결과로 우리는 이를 어떤 국가에서든 볼 수 있다. 이 때문에 그리스도인들은 국가에 대해서 조건적이고, 비판적이며, 신중하고, 긴장을 늦추지 않는 태도를 유지하고, 하나님의 뜻과 목적에 무엇보다 더 신실한 충성을 바치려는 태도를 가져야 한다. 사도행전에 나오는 바울과 위정자들의 만남과 바울이 로마서 13장에서 언급한 위정자에게 '복종하라'는 말이, 국가가 행하는 것이라면 무엇이든 무비판적으로 받아들이라는 뜻은 아니다. 신약성서에 여러 형태로 나오는 '복종'이라는 단어는, 상호의존적인 것으로 하나님의 창조 계획에서 상대방이 서 있는 자리나 위치를 제대로 파악한 것을 전제로 한다. 국가에 대한 복종은 맹목적 순종이나 수락 같은 무비판적이고 무조건적인 것이 결코 아니다. 어떤 상황에서는 순종하지 않을 수도 있고, 국가에 순종하느라 하나님을 거역해야 한다면 불복종할 수도 있어야 한다. 마찬가지로 위정자들을 '위한다'는 것도 그들의 직무를 진지하게 - 당국자들이 자신들의 직업을 생각하는 것보다 더 진지하게 - 여긴다는, 곧 인간을 위해 '청지기'처럼 봉사하고 섬기는 자로 여긴다는 뜻이다. 섬김의 대상은 일하는 사람이 아니라 그 직무인 것이다. 어떤 일에 종사하는 사람을 섬긴다는 것은 그 사람에게 결코 쓴 소리나 비판을 하지 않는다는 뜻이 아니다. 오히려 그 일에 대한 원래 목적이 훼손될 때는 제재를 가한다는 뜻이다. 바울이 사도행전 16장에 나오는 빌립보에서 한 일이 바로 이것이다. 예수는 누가복음 13장 32절에서 헤롯을 '여우'라고 비난하셨다. 사도행전 17장에서 위정자들은 예수를 주로 선포하는 그리스도인의 행위를 정치적 위협으로 간주하기도 했다. 베드로 역시 위정자들에 대한 적절한 순종을 권면하지만 정작 자신은 예루살렘 지도자들 앞에서 사람보다 하나님께 순종하는 것이 마땅하다고 말했다. "가이사의 것은 가이사에게" 이 말씀의 참된 의미는 가이사의 것을 가이사에게 주라는 뜻이 아니라, 우리의 소유권을 결정하는 이는 우리의 생명과 우리의 순종을 바쳐 마땅한 하나님이시라는 역설적 표현이다.

바울은 또한 위에 있는 권세들을 자신의 사역을 '방해하는' 사탄의 하수인으로 인식하기도 했다(행 17, 살전 2:18). 신약성서는 하나님이 혼란으로부터 인간을 보호하기 위해 위정자들을 세우시고, 그들에게 통치권을 주신다고 하는 동시에, 국가가 마귀처럼 행동할 것이라고도 경고한다. 하나님의 도구인 동시에 사탄의 하수인 노릇을 할 수 있다는 이 역설과 이 긴장은 신약성서의 국가관을 이해하는 핵심이다. 이 모순된 주장들은 국가가 인간을 섬기도록 지음받았음에도 불구하고 타락한 결과 하나님께 반기를 든 권세임을 분명하게 시사한다. 둘 중 어느 경우든, 혹은 둘 다든 국가는 절대적인 그 무엇, 최종적인 그 무엇, 궁극적인 그 무엇, 우리의 삶과 역사의 참된 의미를 담아내는 그 무엇이 결코 아니다.

초대 그리스도인들이 국가에 대해 견지한 이 역설적 태도는 로마서 13장뿐 아니라, 국가를 악의 권세들이 이 땅에 특별한 방식으로, 악마와 사탄의 권세가 가시적으로 나타난 것으로 묘사하는 요한계시록 13장에서도 확연히 드러난다. 사도 요한은 로마제국을 사탄의 왕이 힘을 실어주고, 마귀가 이 세상에서 뜻을 이루기 위해 막강한 권세를 부여한 "무저갱에서 나온 짐승"으로 묘사한다(계 13:1, 2; 17:7-18; 12:9). 계시록에 나오는 짐승은 이 세상의 모든 국가에서 마귀가 거둔 승리를 상징하는 하나의 원형이다.

로마 황제 네로와 도미티아누스가 박해를 시작한 것은 주후 64년경이었다. 이 시기는 바울이 대략 57년경에 로마서 집필을 끝낸 후로 로마제국 전역이 비교적 평화로울 때였다. 계시록이 기록된 것은 도미티아누스 황제의 통치가 끝난 주후 90년대로 이 당시 로마권력은 하늘을 찌를 듯했지만 도덕은 땅에 떨어질 대로 떨어진 시기였다. 제국의 엄청난 부와 끝없는 사치는 입에 풀칠하기도 어려운 백성들의 가난과 극명하게 대비되었다(계 18:11-16; 6:5, 6). 로마의 권력, 주변 국가를 굴복시키는 힘, 로마의 평화(*Pax Romana*)라는 만연된 국가주의를 전 세계가 실감하고 있던 시기였다(계 18:3). 바로 그때 도미티아누스는 황제 숭배를 자신에 대한 충성을 검증하는 잣대로 삼았다. 그의 이런 정책은 잔인한 박해로 이어졌고 그의 잔인한 박해에도 불구하고, 그리스도인들은 하나님이신 예수 아닌 다른 신을 숭배할 수 없다며 결코 물러서지 않았다. 그의 분노는

극에 달했으나 그리스도인들은 그것까지 인내했다. 사도 요한은 로마가 바로 그와 같은 황제 숭배를 거부한 정치범들을 가두기 위해 만든 밧모 섬의 감옥에 투옥되어 있으면서 계시록을 기록했던 것이다. 요한계시록은 성서 전체를 통틀어 정치적 색채가 가장 짙은 성서로 이 책은 로마제국을 겨냥한 정치적·종교적 성명서, 세계 최강국의 무지막지한 차별, 도를 넘은 불법, 나아가 신을 모독하는 국가주의를 비판하는 소논문이다. 개별 상황이나 정황에서 판단할 때, 자신의 한계를 겸손하게 인정하느냐 아니면 무시하느냐에 따라 그리스도 공동체는 국가를 하나님의 종 혹은 악마의 도구로 취급해야 할 것이다. 성서는 하나님께만 속한 것에 집착하는 국가는 사탄으로 전락하고 만다고 분명하게 말한다.

요한계시록은 예배와 정치가 결코 뗄 수 없는 관계에 있음을 명확하게 보여 준다. 계시록 몇 장을 펴든 하나님을 예배하고 찬양하는 소리가 우리 귓가에 생생하게 들려오는데 그 절정을 우리는 (로마를 암시하는 죽음의 도시이자 마귀가 거주하는 강대국인) 바벨론이 무너져 내릴 때 하늘에서 "무너졌도다, 큰 성 바벨론이여!"라는 힘찬 음성이 터져 나오는 17-18장에서 볼 수 있다. 힘과 부를 자랑하던 그 거대 도시의 몰락은 구원의 여명이 밝아오고, 하나님의 주권적 통치가 시작되었음을 알리는 신호다(계 19:1-6). 바벨론의 부와 권력에 빌붙어 있던 자들은 바벨론의 멸망에 통곡하겠지만 바벨론으로부터 억압받던 사람들은 천사들과 함께 기뻐할 것이다(계 18:4-9).

로마의 멸망과 하나님께 영광을 돌리는 위대한 승리로 인해 하늘에서는 찬양이 울려 퍼진다. "할렐루야! 전능하신 우리 주 하나님이 다스리신다!"

사도 요한은 황제들에게 붙이는 '주'와 '왕' 같은 호칭을 끊임없이 하나님께 적용하고, 황제들의 전유물이었던 궁극적 가치와 의미, 예배를 그분에게 돌린다. 주후 1세기에는 '종교적' 선언과 '정치적' 선언을 구분하지 않았으며 "예수는 왕이시다"나 "여호와는 주 하나님이시다"와 같은 종교적 주장에는 위정자들을 긴장하게 만드는 깊은 정치적 의미가 내포되어 있었다. 예수가 주님이시라는 고백 또한 공개적 저항의 표시이자 가이사는 주님이 아니라는 공적 선언이었다. 이러한 고백은 정치적이면서 또한 신학적인 단언이었다. 우리가 예배를 이렇게 제대로 이해했다면 오늘날 우리가 드리는 예배는 정치적으로 심오한 결과를 낳았을 것이다.

예수는 정치적 죄목으로 기소되었다. 하나님을 모독하고 가이사에 대한 선동을 부추겼다는 이유로 고발당하셨다. "우리 백성을 미혹하고 가이사에게 세금 바치는 것을 금하며 자칭 왕 그리스도라 하더이다"(눅 23:2). "가이사 외에는 우리에게 왕이 없나이다"(요 19:15)라는 예수에 대한 비난에서 우리는 정치적 의도를 엿볼 수 있다. 물론 그의 제자들도 같은 이유로 고발당했다. "이 사람들이 다 가이사의 명을 거역하여 말하되 다른 임금 곧 예수라 하는 이가 있다 하더이다"(행 17:7). 우리는 주기도문의 "아버지의 나라가 오게 하시며"

에 함축된 정치적 의미를 깊이 인식해야 한다. 로마제국이 우상숭배를 강요하고 제국의 종교에 순응하지 않는 자들은 누구를 막론하고 가혹하게 박해하는 상황에서 사도 요한은 이렇게 선포한다. "주님만이 홀로 합당하도다." "죽임을 당하신 어린 양이 능력과 부와 지혜와 힘과 존귀와 영광과 찬송을 받으시기에 합당하도다."

로마의 집권자들은 또 다른 '왕'을 섬기느라 국가의 절대 권력에 감히 맞섰던 그리스도인들을 정치적 위협 세력으로 간주했다. 초대교회 신자들은 하나님을, 그리스도를 왕으로 섬겼다고 해서, 삶이 예배였다는 이유로 투옥되고 처형당했다. 오늘날 하나님을 예배한다는 이유로 감옥에 갇힐 그리스도인들이 과연 얼마나 될까?

4

힘있는 자들과 힘없는 자들

분열된 세상

현대 세계는 이데올로기보다는 힘있는 자와 힘없는 자, 잘사는 자와 못사는 자, 이익을 얻는 자와 피해를 보는 자 같은 양극화 현상을 보이고 있다. 우리 시대에는 빈부의 극심한 격차로 갈등이 불거지는 시나리오가 전개되고 있다. 잘사는 나라와 못사는 나라, 잘사는 계층과 못사는 계층이 극명한 대조를 이루고 있다. 사회정의를 위한 투쟁이 일어나는 곳에서 점차 제기되고 있는 중대한 질문 중 하나는 지구적 차원에서 부와 권력을 획기적으로 재분배할 방안이 필요하다는 것이다.

냉전 시대 당시 미국의 주요 적국이었던 구 소련과 중국 사이에 화해 분위기가 조성되면서 오늘날 세상을 분열시키는 주범은 이데올로기가 아니라, 부와 권력에 대한 갈증이다. 동서의 치열한 이념 투쟁은 북반구의 선진국과 남반구의 후진국 사이의 경제 전쟁으로 바뀌었고, 견제와 이데올로기 경쟁은 경제적·정치적 목적을 달성하기 위한 무역, 거래, 판매, 경제 협력에 자리를 내주었다.

북 베트남의 도시들과 인구 밀집 지역에 대한 미군의 공습이 한창일 때 구 소련과 중국의 지도자들은 미국과 정상 회담을 개최했는데, 이를 지켜본 많은 나라들은 이 두 공산주의 거물들이 초강대국 미국과 새로운 동반자 관계를 구축하기 위해 베트남 사람들의 목숨을 파리 목숨처럼도 여기지 않는다는 사실을 알게 되었다. 전 세계 가난한 나라들은 그와 같은 미국 지도자들이 구 소련과 중국의 수뇌부들과의 와인을 곁들인 만찬 장면을 보면서 두려움에 떨어야 했다. 이 장면은 우리 시대에 정치적 동기를 유발하는 결정적 요인이 이데올로기가 아닌 부와 권력에 대한 갈망임을 매우 신랄하게 보여 주었다. 현재 미국 기업들은 공산 국가, 자유 국가를 가리지 않고 앞 다투어 진출하고 있으며 여러 나라들과의 새로운 경협과 협약들이 하루가 멀다 하고 발표되고, 실제로 미국산 음료수와 자동차는 세계 곳곳으로 진출하고 있다.

자본주의와 사회주의라는 두 거대 관료주의가 세계 강대국으로서 서로 공통점이 많다는 사실을 알게 되면서 냉전 시대라는 위험한 수사학은 자취를 감추었다. 경제적·군사적 패권에 눈독을 들인 이들은 저마다 세계 초강대국으로서 점차 국가의 구조와 정치를 비슷한 모습으로 바꾸기 시작했다. 이를 우리는 산업과 경제, 정부의 정보 이동 통제에서, 반대자들을 입막음하는 데서, 그리고 공민권과 인간의 기본권을 제한하는 그들의 행태에서 볼 수 있다. 이 강대국들은 외교 관계에서도 제국주의적 이해를 항상 염두에 두고 행동하고 있다. 소련은 프라하 시내로 탱크들을 진격시켜 두브체크가 이끄는 구 체코슬로바키아 독립 투쟁을 진압하면서, 자신들의 울타리를 이탈하면 그것을 막을 고유 권리가 자신들에게 있다고 큰소리쳤다. 이와 비슷한 정책을 우리는 베트남을 비롯한 제3세계 국가들에서 그 잔인성을 여실히 드러낸 미국의 외교 정책에서도 볼 수 있다. 과격한 사회 운동이나 새로운 정부가 미국의 경제적·정치적·군사적인 굴레에서 벗어나겠다고 하면 미국 정부는 겉으로는 다른 나라들의 자결권을 존중한다고 말하면서 속으로는 다른 계획을 세우기에 여념이 없다. 미국의 정책 결정자들이 볼 때 다른 나라의 발전이 미국의 경제적·외교적·전략적 이익에 대한 위협이 된다고 판단되면 미국 정부는 경제 제재와 보복은 물론이고, 정권 교체, 암살, 준군사적 혹은 노골적인 군사적 행동을 통해 그러한 위협에 단호하게 대처한다. 물리적 힘을 행사하여 '비우호적' 체제를 전복시키거나 자국의 경제적·정치적 힘을 지키고 신장시킬 때에도 그들은 이와 동일한 전략을 사용한다. 진압과 테러, 고문이라는 수단을 통해 통제권을 행사하는 이 강대국들은 다른 나라에 허수아비 정권을 세우고 그것들을 유지하는 데 힘쓰기도 했다. 월스트리트와

크렘린이라는 엔진을 작동시키는 연료는 바로 전체주의의 영이다.

몇몇 막강한 민족국가의 이익 집단들이 세계 권력을 독점하려고 한다. 억압을 통해 세계 질서를 재편한 초강대국들은 자신들에게 차이점보다는 유사점이 더 많다고 생각하고, 이데올로기적 갈등이라는 망상적이고 피상적인 수사학을 최소화해 갈등을 줄이는 데 합의하고 시장 점유율이나 영향력의 정도에 따라 세상을 나눠 나머지 국가들에 무자비한 지배와 통제를 가해 엄청난 이익을 챙긴다. 그들은 "세계에 대한 책임"이라는 오만한 수사학과 모호한 이데올로기(힘이 커지면 세계를 이끌어야 할 책임 또한 커진다는)를 사용하여 거대 산업 국가들의 물질적 행복에 기여하는 통합된 세계 시스템을 구축하려 안간힘을 쓴다. 이 모든 것이 드러내는 분명한 사실은 돈도 없고 힘도 없는 사람은 더 이상 설자리가 없다는 것이다.

그리하여 세상에서 굶주리고 헐벗는 대다수를 희생시키면서도 자신들이 구상한 세계 권력의 새로운 연합과 국익에 도움이 된다고 판단하면 그 초강대국들은 이데올로기에 대한 관심을 잽싸게 내팽개친다. 이익과 손실을 중시하는 이런 합의는 주요 강대국들이 자신들의 '비지니스 파트너'와 사리사욕을 따지는한 존속될 것이다. 가난하고 힘없는 자들을 업신여기는 이러한 동맹에 많은 국가들이 깊숙이 발을 들여놓고는 있지만 이 억압적 세계 질서를 주도하는 나라는 단연코 미국이다. 미국의 정책은 권력이 점점 더 집중되면서 세계 도처에서 더 많은 통제와 이익을 노리는 구조화된 집단의 기득권에 의해 좌우되는데, 그들은 그리 힘들이지 않고 미국의 경제적·정치적·군사적 이익을 추구할 수 있는 '열린 사회' 체제를 구축하고 안정시키는 데 도움이 될 세계 전략을 일관되게 펼친다. 이것이야말로 미국이 그렇게 떠벌리는 "세계 평화의 구조"에 담긴 진짜 의미다. 미국의 평화(Pax Americana)는 오래전 있었던 또 다른 '평화'를 생각나게 한다. 역사학자 아놀드 토인비의 말이다.

> 오늘날 미국은 기득권을 지키려는 전세계적인 반혁명 운동의 선두주자다. 미국은 로마제국의 전철을 밟고 있다. 로마는 자신의 식민지가 된 나라들에서 가난한 자들을 괴롭히는 부자들 편을 들었다. 시공을 초월하여 가난한 사람들의 숫자가 부자들보다 압도적으로 많았다는 역사적 사실에 비추어 로마는 불평등과 불법, 절대 다수의 불행을 조장한 책임을 면할 길이 없다. 내 판단이 틀리지 않다면, 로마의 정책을 답습하겠다는 미국의 결정은 이와 같은 치밀한 계산 끝에 나왔을 것이다.[1]

혁명과 폭동을 일으키는 주범은 공모와 외부 세력이 아니라, 바로 미국 같은 주요 강대국들의 경제적·정치적 제도, 잘사는 국민들의 가치관과 태도다. 미국은 건국 초기부터 그들의 끊임없는 팽창주의 야욕을 드러냈다. 처음에는 영토 확장에 눈독을 들이더니 지금은 경제와 정치의 일방적 지배로 시선을 돌렸다. 이러한 팽창주의 패턴은 세계 다른 강대국들의 역사에서도 볼 수 있다. 팽창주의 야욕은 세계 곳곳에서 '자유'와 '민주주의' '문명'을 비롯한 여타의 위대한 가치들로 자신을 늘 위장해왔다. 여기서 한 가지 분명히 짚고 넘어가야 할 것이 있다. 이것이 누구를 위한 자유이며, 무엇을 위한 자유인지, '민주주의'와 '문명'이 발전하면 누가 가장 이익을 얻으며, 누가 피해를 보는지 이다. 역사를 보면, 독선적 수사학으로 자신을 은폐한 강대국들은 세계 1등 국가를 꿈꾸면서 자기 이익만을 챙기는 제국을 건설하는 데 혈안이 되어 왔다. 국익 확대와 입지 강화에 초점을 맞춘 미국의 외교 정책은 정권이 바뀌어도 그대로 유지되었고, 공화, 민주 양당은 그러한 정책을 끊임없이 실천에 옮겨왔다. '국가 안보'는 다른 나라를 지배할 때만 가능하다는 수뇌부의 판단에 따라 1945년 이래로 미국은 전세계적 규모로 전쟁을 치를 수 있도록 자신들의 체제를 바꾸어 놓았다. 미국 정부는 국민의 삶을 군사적 체제로 바꾸었고, 세계 곳곳에서 군사 혹은 준군사적 활동을 감행했다. 여기서 사용되는 은밀한 개입 전략으로는 미국의 이익을 보호해주는 독재 정권 지원, 효과적인 시위 진압, 테러와 고문 사용, 암살, 그리고 경제적·정치적 제재를 통한 통제 등이 있다. 미국이 가난한 자들을 짓밟고 전세계 기득권의 지도자로 자처할 수 있게 된 것은 엄청난 경제력과 세계 곳곳에 파병한 군대 덕분이다. 이로 인해 첩보 활동 및 은밀한 정치 공세를 위한 정교한 네트워크와 시스템 개발, 효과적인 전쟁과 게릴라전을 위한 연구 확대, 대중을 설득하기 위한 홍보 및 선전 활동의 강화, 과학의 군사화 및 대학생 동원 등이 제국을 수호하기 위해 세운 무기고에 추가되었다.

여기서 핵심 개념은 '통제'다. 잘사는 나라의 지도자들은, 국가가 잘 되려면 경제적·군사적 확장이 지속되어야 한다고 믿는다. 제품 판매 시장, 원자재 공급처, 제때 이루어지는 필수품 공급, 값싼 노동력, 엄청난 투자 이익의 기회를 확보하려면 되도록 많은 국가를 지배하고 영향력을 행사하는 것이 필요하다는 것이 그들의 생각이다. 잘사는 국가들은 전 세계를 상대로 자신의 경제적·정치적 힘을 유지하고 확대시켜 줄 여건과 관계 구축에 힘을 쏟아왔다. 부유한 국가들은 투자와 무역을 공격적으로 하고, 약소국가들을 달래 자신의 하수인으로 만들고, 지역 엘리트들과 재정 협약과 군사 협정, 정치 동맹을 맺어 제국을 건설했다. 그들은 영토를 점령하지 않고 후진국의 정치와 경제를 철저하게 통제하여 제국을 세운 것이다. 경계선이 없는 '눈에 보이지 않는' 제국을 말이다. 웹스터 뉴 콜리지에트 사전은 제국주의를 "한 나라가 다른 나라의 영토를 직접 손에 넣거나 경제적·정치적 주권을 빼앗아 자신의 힘과 지배력을 확대하려는 정책과 관행, 옹호"로 정의한다. 아메리칸 헤리티지 사전은 제국주의를 "어떤 나라가 다른 나라의 영토를 점령하거나 경제적·정치적인 주도권을 빼앗아 자신의 권세를 확대하려는 정책"으로 정의한다.

"우리는 1등 국가입니다. 그리고 우리는 그것을 계속 유지할 것입니다." 베트남전쟁이 한창일 때 당시 미국 대통령 린든 존슨이 한 말이다. 이는 미국의 지도자들과 정책 결정자들이 말하는 국익 우선 정책의 핵심에 대한 노골적인 고백이다. 1등을 유지하겠다는 것은 영원한 승리를 위해 싸우겠다는 뜻이다. 이는 테러와 파괴는 물론, 죽음까지 불사하여 국익을 추구하겠다는 말이다. 마틴 루터 킹 목사의 말대로 세계 최고의 부자 나라, 세계 최강의 국가인 미국이 '세계 최고의 폭력 집단'이 된 것이다. 이러한 변신은 세계 절대 다수가 가난과 착취에 시달리더라도 부와 권력은 꼭 지켜내겠다는 이와 같은 미국의 다짐이 있기에 가능했던 일이다. 이런저런 형태의 폭력에 기대는 것은 '1등 국가'의 어쩔 수 없는 숙명이다. '국익'을 지켜달라는 국가의 호소에 국민이 기꺼이 그러겠다고 호응할 때 심각한 문제가 발생한다. '국익'과 '국가 안보'라는 신화 앞에서는 그 어떤 목소리도 제 소리를 낼 수 없기 때문이다.

   제국을 움직이는 시스템은 소비 사회에 기반을 둔다. 국가총생산(GDP)을 증가시키고 생활 수준을 높이라는 압력으로 인해, 미국 기업들이 전세계를 무대로 사업을 할 수 있도록 무역정책을 펼치고 외교력과 군사력을 사용하는 일이 정당화되고 있는 것이다. 따라서 미국인들의 끝없는 소비 욕구는 세계 평화와 대립되지 않을 수 없다. 세계 절대 다수가 가난과 굶주림의 늪에서 허우적대는 마당에 소수가 전세계 자원을 싹쓸이하다시피 해도 눈감아 주는 지금의 세계 경제 체제는 잘못되도 크게 잘못된 것이다. 가난하고 힘없는 나라들이 지금과 같은 부와 권력의 분배 방식, 즉 미국을 비롯한 여러 강대국들이 정한 게임의 법칙을 두 손 들어 환영하지 않는 한 평화는 한낱 꿈같은 얘기일 뿐이다. 지금도 여전히 제국이 세운 목표를 달성하고, 제국이 없으면 안 되는 소비 사회를 떠받치기 위해 다국적 기업은 세계 최강 국가의 군사적·정치적 실세들과 뒷거래를 하고 있다.

  이제 우리는 피할 수 없는 한 가지 진실을 대면하게 된다. 후진국 사람들이 가난에 허덕이는 것은 선진국인 우리가 잘 살기 때문이라는 것이다. 피폐해진 사람들이 더 가난에 시달리고 비루해지는 것은 잘사는 우리의 제도와 관례, 생활 방식 때문인 것이다. 바꾸어 말해, 가난한 나라 사람들의 삶이 숨막힐 정도로 힘들어진 것은 어쩌다 그렇게 된 것도, 그들이 실패했기 때문도 아니다. 나의 조국 미국의 가난한 사람들도 마찬가지다. 풍요에 취해 흥청망청하는 소비 문화는 사람들의 삶을 갈가리 찢어 놓고 주변과 담을 쌓게 만들었다. 우리는 소비에 정신이 팔린 나머지 자기 중심적인 사상에 빠졌고, 타인의 고통에 무관심하게 되었다. 이 무관심은 지금도 세계 곳곳에서 우리의 이름으로 공포를 초래하고 있다. 나의 조국 미국에서는 집단 이익 추구가 우리의 소비지상주의에 빌붙어 가난한 자들을 뜯어 먹고 전쟁의 덕을 보며 환경을 파괴하고 있다. 풍요가 주는 보상과 쾌락을 만끽하려고 평화와 정의, 생태계 보존을 희생 제물로 바치고 있는 것이다. 전세계 가난한 사람들을 발 아래 두지 않은 채 지금과 같은 삶의 수준이나 방식을 유지하거나 높일 수는 없는 노릇이기 때문이다.

「뉴욕 타임스」는 한번은 가난에 대한 여론 조사를 한 후 다음과 같은 결과를 발표했다. "지금처럼 가난한 사람들이 많았던 적은 일찍이 없었다.…영양실조와 병에 시달리는 사람들이 지금과 같이 많았던 적은 없었다. 육체적·정신적 성장을 멈춘 그들은 지금 구석으로 내몰려 죽지 못해 살고 있다. 이들에게 미래란 살아 남기 위한 투쟁, 그 이상도 그 이하도 아니다. 그들은 아무런 소망도 없이 죽어가고 있다."[2] 가난과 굶주림으로 인한 질병으로 죽는 사람이 매년 전세계 사망률의 2/3를 차지하고 있다. 오늘날 미국에서 태어나는 아이가 평생 소비하고 환경을 오염시키는 정도는 인도에서 태어난 아이와 견주어 대략 20~50배 정도 많다. 태어나서 여섯 살을 채 못 넘기는 아이가 전세계적으로 백 명 가운데 사십 명 꼴이다. 제대로 먹지 못해 신체나 정신이 망가진 아이도 백 명 중 사십 명이나 된다. 그 백 명 중에서도 교육과 기술을 습득하게 될 아이는 고작해야 세 명 정도다(이 주장이 40년 전 자료에 근거한 것임을 고려하라 - 편집자). 잘사는 사람들은 체제에 불만을 품은 가난한 사람들이 거리로 나와 데모를 하지 않을까 마음을 졸이면서도, 불공평한 법 집행으로 가난한 사람들을 고통과 절망의 나락으로 떨어뜨리는 지금의 사회 구조에 내재된 폭력성에 대해서는 무감각하다.

끔찍한 빈부 격차는 미국처럼 없는 게 없는 나라에서도 일상적인 풍경이 되었다. 우리가 이 나라의 속을 들여다 볼 수 있었던 것은, 대통령의 기자 회견을 통해서가 아니었다. 그것은 소수 민족, 아프리카계 미국인, 아시아계 미국인, 인디언 그리고 궁핍한 도시 빈민가와 쥐가 득실거리는 공동 주택이나, 가난에 찌든 시골에서 옴짝달싹 못하는 가난한 백인들의 눈을 통해서였다. 인종과 성별이 다르면 기본권이 무시되고 계층과 피부색에 따라 공정한 대우, 교육, 의료 혜택, 사람 대접, 소득, 사회적 재화와 서비스의 정도가 하늘과 땅만큼 차이가 날 수 있다는 사실을 그들이 아니었다면 우리는 결코 알지 못했을 것이다.

경제적·정치적 권력이 소수 개인과 기관에 집중될수록 이러한 격차는 더 이상 손을 쓸 수 없을 정도로 커진다. 법을 어기면서까지 엄청난 권력을 거머쥔 특정 사람들과 계층, 기관들은 사리사욕을 채우기 위해 사회정의를 짓밟고, 특히 가난한 사람들을 궁지로 내몬다. 경제적 성격이 짙은 이 권력은 정치적 과정을 쥐락펴락하고 더럽힌다. 미국에서 그러한 권력은 정치와 경제를 주무르는 몇몇 대기업에 집중되어 있다. 이 대기업들의 의사결정은 극소수 최고 부자들의 손에 달려 있다. 집단에서 내리는 결정은 '자유 시장'의 힘이나 대중의 확고한 책임 의식에 달려있다고 말하면, 허황된 소리라는 말을 듣게 된다. 이 다국적 기업들은 누구도 넘볼 수 없는 힘을 가졌고, 자신들의 이해 관계가 얽혀 있는 문제라면 앞뒤 안 가리고 뛰어든다. 이 거대한 집단은 미국 사회를 자신들의 생각에 맞춰 형성하고, 자신들의 집단적 이해 관계와 이익을 위해 생산, 분배, 소통, 정보, 교육, 기술, 흥행, 그리고 정치에 입김을 불어넣는다. 교회를 비롯해, 미국 사회를 움직이는 주요 기관들도 대기업의 구조와 가치를 비추는 거울이 된 지 오래다. 대학이 대기업의 구조를 본받고 전쟁 같은 이슈에 대해 아무런 이야기도 하지 않는 것이 그 대표적인 사례다.

대기업의 구조, 정치적 기관들, 법 제도, 국방성, 기술 지배, 노동조합, 사회와 문화, 종교에서의 관료제, 이데올로기 경쟁, 그리고 환경 등 오늘날 죽음의 그림자가 드리워지지 않은 곳이 없다. 우리는 두려운 현실, 침묵에 따른 죄책감, 그리고 양심의 마비로 괴로워 한다. 물론 제도 탓도 크지만, 그 제도의 가치들을 받아들인 우리 자신도 이런 비판에서 결코 자유로울 수 없다.

우리가 직면한 사회적·경제적·정치적 구조는 다수를 억누르는 소수의 횡포, 나라 안팎에서 그러한 구조를 지지하는 국민들의 풍족한 생활방식에 기반을 두고 있다. 이런 식으로 잘사는 나라가 착취를 통해 부와 권력을 손에 넣으면, 못사는 나라에서는 계층간의 갈등과 고통, 폭력은 불을 보듯 뻔한 것이다.

퀘이커 교도였던 존 울먼은 이런 말을 했다. "우리가 가진 보석들, 가구들, 의복들을 되돌아보라. 그리고 그러한 소유물이 전쟁이 낳은 열매가 아닌지 생각해보라."

없는 자들이 가진 자들에 의해 억압받고, 가진 자들이 풍요를 누리는 현실에 대해 하나님은 분노하신다. 예언자의 선언을 들어보라.

> 내 백성이여. 네 인도자들이 너를 유혹하여 네가 다닐 길을 어지럽히느니라. 여호와께서 변론하러 일어나시며 백성들을 심판하려고 서시도다. 여호와께서 자기 백성의 장로들과 고관들을 심문하러 오시리니 포도원을 삼킨 자는 너희이며 가난한 자에게서 탈취한 물건이 너희의 집에 있도다. 어찌하여 너희가 내 백성을 짓밟으며 가난한 자의 얼굴에 맷돌질하느냐. 주 만군의 여호와 내가 말하였느니라.(사 3:12-15)

복음은 가난하고 억압받는 자들을 노골적으로 편애한다. 성서는 부와 권력의 횡포에 맞서는 가난한 자들의 외침에 귀를 기울이라고 명령한다. 현상 유지에 힘쓴다는 것은 가난한 자들을 억압하는 부자들을 두둔한다는 뜻이다. 우리는 물질적 안락을 누리기 위해 다른 사람들을 가난의 수렁에 빠트리고 있다. 실제로 우리는 지금의 생활방식과 소비 행태를 유지하기 위해 나라 안팎에서 벌어지는 가난한 자들에 대한 억압을 두둔하거나 외면하고 있다.

정치나 경제 수단만으로 미국의 제국주의에 저항한다는 것은 달걀로 바위를 치는 격이다. 끌로드 쥴리엥의 『미국은 제국이다』라는 책은 이 점을 분명하게 보여 준다.

따라서 제국에 대한 찬반양론은 단순히 제국의 경제적·군사적 구조에 대한 옹호나 반대가 아니다. 이 싸움은 미국이 인류에게 본이 된다고 자신하는 그 문명을 지지하느냐 반대하느냐의 문제다. 이 싸움은 이른바 풍요로운 사회를 지지하느냐 반대하느냐, 전세계 인구의 6퍼센트가 전세계 생산량의 절반을 독식하는 소비 사회를 지지하느냐 반대하느냐의 문제다. 이 싸움은 잘사는 나라와 못사는 나라만의 문제가 아니다. 이 싸움은 부유한 나라와 가난한 나라 사이는 물론이고, 소비 사회의 요구에 머리를 숙이지 않는 선진국 내부에서 계속 진행중인 싸움이다.[3]

소수임을 늘 자각할 때 엄청난 폭발력을 자랑하는 하나님 나라라는 새로운 질서를 선포하고 드러내 세속적 가치에 정면으로 도전하는 공동체인 교회에 이보다 더 분명한 부르심이 있을까? 국가에서 세운 목표라면 군소리 없이 따라야 한다고 생각하는 교회가 국가와 긴장 관계를 유지하고, 하나님 나라에 대한 분명한 비전을 제시할 수 있을까? 또는 교회의 증언이 타협의 대상이 되어, 교회의 선포가 어떤 힘을 발휘할 수 있을까? 오늘날 우리 그리스도인들의 삶의 모습과 사회적 지위, 관계는 교회가 가난하고 억압당하는 사람들과 하나가 되기는커녕, 오히려 사회 엘리트나 권력 집단과 한통속이라는 인상을 주고 있다. 오늘날 많은 기독교 단체들이 이 땅의 가난한 자들을 억압하는 정부를 지지하고 그것에 의존하고 도움을 바라고 있다. 그러나 이런 식으로 복음을 타협하는 교회는 결국 뼈저린 후회를 하고 말 것이다.

우리가 던져야 할 질문은 이것이다. 우리는 정의와 평화를 실현하라는 성서의 외침은 외면하고 국가의 이익을 우선하는 세계 질서에 지금처럼 계속 기여할 것인가? 국가는 폭력과 불법으로 힘없는 자들을 억압하고, 이런 사회 질서에 의해 희생된 자들이 그들을 향해 전쟁과 혁명, 죽음 그리고 파괴 같은 보복적 폭력을 행사하는 죽음의 시나리오를 그저 방관만 하고 있을 것인가? 미국이 쥐락펴락하는 세계 질서를 통해 이익을 얻은 사람들이 더 이상 그 질서에 순응하지 않고, 그 질서의 계획과 요구를 거부하고, 그 질서의 전제와 가치들을 반대하고, 부유한 나라들에게 기존의 리더십과 관계를 재고하라고 촉구하는 방식으로 그 질서를 대신할 새로운 질서를 제시하지 않는한 파국을 절대 피할 수 없다. 평화, 화해, 복음전도, 그리고 예언자적 사역을 실현하는 것, 이것이 지금 교회가 해야 할 사명이다.

가난한 자들과 함께하는 교회

부와 가난, 경제 정의는 구약성서 전체를 관통하는 핵심 주제다. 부와 가난을 말하는 구약성서의 구절들로 책을 만든다면 아마도 큰 단행본 한 권은 나올 것이다. 신약성서도 예외는 아니다. 부와 가난의 문제는 그 어떤 주제보다 예수가 행한 설교의 주된 주제였다. 사도들은 돈과 가난한 자들을 대하는 태도로 그 사람이 정말 하나님께 신실한지를 알 수 있다고 말한다. 구약성서든 신약성서든 하나님 백성은 주변 세계를 지배하는 기존의 가정들에 대한 경제적 대안을 포괄하는 것으로 그 존재를 드러낸다고 말한다. 우리의 경제생활과 삶의 수준이 개인의 문제가 아니라는 것이 성서가 말하는 믿음과 제자도의 중요한 주제다. 부와 가난을 말하는 성서 구절은 양도 양이려니와 무엇보다 그 의미가 심장하다. 경제 문제에 관해 성서의 입장은 단호하다. 성서의 하나님은 아예 노골적으로 가난한 자들과 착취당한 자들, 희생당하는 자들의 편을 드신다.

하나님과의 관계는 세상을 지배하는 죽음에 맞서 하나님이 선물로 주신 생명을 증언하고자 사회적·정치적 정의 실현에 발 벗고 뛰어드는 것에서 그 실체가 드러난다고 성서는 주장한다. 예언자들은 경건과 그에 맞는 신앙생활, 의식 준수만으로 하나님의 백성으로서 할 일을 다 했다고 착각하지 말라고 경고한다. 예언자들은 가난하고 착취당하고 짓밟히고 절망에 빠지고 자신을 지킬 힘이 없고 약하고 따돌림 받는 자들을 위해 경제와 정치에서 정의를 실현하라고 요구한다. 이사야는 하나님이 기뻐하시는 금식은 멍에의 줄을 풀어 주고, 주린 자에게 양식을 나누어 주고 가난한 자를 집으로 초대하는 것이라고 말한다(사 58:5-7). 아모스는 정의를 물 같이, 공의를 마르지 않는 강 같이 흐르게 하지 않는다면 예배와 찬양이 무슨 소용이 있냐고 우리에게 되묻는다(암 5:21-24). 앞서 살폈듯이 예수는 기존 사회 질서를 완전히 뒤집어 엎으셨다. 그리스도는 가난하고 병들고 쫓겨나고 짓밟힌 사람들을 불쌍히 여기셨다. 실제로 하나님이 보내시는 '오실 자'가 당신이냐는 질문에 예수는, 고통으로 신음하는 자들에게 꼭 필요한 것을 채워 주심으로써 자신이 메시아임을 입증하셨다(마 11:5). 또한 예수는 자신의 이름을 부르는 자들이 굶주리고 가난하고 헐벗고 감옥에 갇히고 병든 이들과 이방인들을 어떻게 대했는지에 따라 그들을 심판하겠다고 경고하셨다. 착한 사마리아인 비유가 우리에게 주는 교훈은 곤경에 처한 사람이 누구든 도움의 손길을 베풀고, 개인적으로 시간과 돈을 쓰는 것은 물론이고 손해를 보더라도 인종과 계층의 장벽을 넘어서는 것으로까지 우리의 책임이 확대되어야 한다는 것이다. 행함이 없는 믿음, 곧 순종을 나타내지 않는 믿음은 죽은 것이라고, 형제자매를 위해 자신을 내주는 사랑을 실제로 드러내느냐에 따라 하나님 사랑의 깊이가 결정된다는 것이 사도들의 일관된 메시지였다.

부자들의 권리를 옹호하는, 말하자면 하나님을 부자들의 구주이자 그들의 부를 지켜 주는 분으로 묘사하고, 가난한 자들은 부자들의 필요를 채우는 데 힘쓰고, 가난을 숙명으로 여기라고 말하는 대목은 성서 어디에도 없다. 오히려 성서는 가난한 자들의 권리를 늘 강조한다. 하나님은 가난한 자들의 주님이자 구원자이며, 그들 대신 원수를 갚아 주시는 분으로 나타난다. 부자들은 가난한 자들을 위하고, 그들을 위해 가진 재산과 권력을 내려놓으라는 요구를 받는다. 부를 찬양하거나 숭배하거나, 가난한 자들보다 잘사는 자들을 치켜세우는 구절은 성서 어디에도 없다. 오히려 하나님이 가난한 자들을 축복하고, 그들을 격려하며, 그들에게 정의와 해방이 이루어질 것이라는 희망의 메시지를 전하시는 대목은 성서 전체에 나온다. 성서에서 부와 소유는 오히려 영적으로 위험한 것으로, 하나님에 대한 사악한 불순종의 표지로 묘사되기도 한다. 단지 가진 것이 많다는 이유에서 낙타가 바늘 구멍을 통과하는 것보다 부자가 천국에 들어가기가 더 어렵다고 말한다. 복음은 가난한 자들에게 전파되고, 부자는 하나님 나라를 위해 가진 것을 다 팔아 그들에게 베풀라는 것이 성경의 메시지다.

돈과 소유는 그저 그런 문제가 아니라 인간의 영혼 깊은 곳에 있는, 삶의 그 어떤 측면보다 한 사람의 속내를 잘 보여 주는 중요한 영적 주제임을 예수는 아셨다. 구약성서가 부의 위험을 경고한 것은 부를 가진 이들이 자칫 재물과 권력을 이용해 가난한 자들을 짓밟고, 그들의 소유를 강제로 뺏으려는 유혹을 받기 때문이다. 땅에 충만한 모든 것은 하나님의 소유인데, 이는 그분의 모든 자녀들이 누리도록 주신 것이다. 유대교에는 희년이라는 정한 시기가 되면 땅과 재물을 다시 분배하여 부자들의 재물 쌓기에 제동을 거는 전통이 있다. 하나님은 가난하고 헐벗은 자들과 하나가 되어, 돈푼깨나 있다고 그들을 벼랑 끝으로 내모는 가진 자들과 힘있는 자들에게 분노를 쏟으신다.

  신약성서는 어떤가? 신약성서 또한 가진 것이 많으면 영적으로 큰 위험에 빠질 수 있다고 동일하게 경고한다. 재물이 많으면 인생의 우선순위들이 바뀌고, 하나님을 쉽게 잊어 버린다. 신약성서는 단순히 재물에 대한 잘못된 태도만을 탓하지 않는다. 신약성서는 거기서 더 나아가 손에 움켜쥐기만 하고 나누지 않는 것 또한 비난한다. 돈과 소유에 대한 집착을 버리지 않으면서 예수 그리스도를 따르겠다는 것은 말도 안 되는 말이다. 하나님에 대한 절대적 충성과 맘몬의 요구는 물과 기름처럼 결코 양립할 수 없는 것이다. 예수는 "하나님과 재물을 겸하여 섬길 수 없다"고 분명히 말씀하신다. 해서는 안 된다는 것이 아니라 불가능하다는 뜻이다. 이 말씀에는 하나님의 뜻과 맘몬의 요구가 절대적으로 상극이어서 충성은 어느 한쪽을 섬길 수밖에 없다는 전제가 깔려 있다. 예수께서 사는 게 그저 그런 시골에서 돈과 소유의 위험을 걱정하셨다면, 역사상 가장 풍요로운 시대에 살고 있는 우리가 돈과 소유의 중독에서 벗어나기 위해 치러야 할 대가는 얼마나 더 할 것인가? 풍요를 누리는 교회는 하나님이 아닌 재물에 기대게 되고, 가난한 자들에게 전해 줄 메시지를 갖지 못하는 것이다.

  이제 신약성서의 다음 말씀들에 귀를 기울여 보자.

    그러나 화 있을진저 너희 부요한 자여, 너희는 너희의 위로를 이

미 받았도다. 화 있을 진저 너희 지금 배부른 자여, 너희는 주리리로다.(눅 6:24-25)

다시 너희에게 말하노니 낙타가 바늘귀로 들어가는 것이 부자가 하나님의 나라에 들어가는 것보다 쉬우니라.(마 19:24)

이와 같이 너희 중의 누구든지 자기의 모든 소유를 버리지 아니하면 능히 내 제자가 되지 못하리라.(눅 14:33)

너희를 위하여 보물을 땅에 쌓아 두지 말라.…오직 너희를 위하여 보물을 하늘에 쌓아 두라.…네 보물 있는 그 곳에는 네 마음도 있느니라.(마 6:19-21)

한 사람이 두 주인을 섬기지 못할 것이니.…너희가 하나님과 재물을 겸하여 섬기지 못하느니라.(마 6:24)

주여 우리가 어느 때에 주께서 주리신 것이나 목마르신 것이나 나그네 되신 것이나 헐벗으신 것이나 병드신 것이나 옥에 갇히신 것을 보고 공양하지 아니하더이까.…내가 진실로 너희에게 이르노니 이 지극히 작은 자 하나에게 하지 아니한 것이 곧 내게 하지 아니한 것이니라.(마 25:44, 45)

더러는 가시떨기에 떨어지매 가시가 자라 기운을 막으므로 결실하지 못하였고…이들은 말씀을 듣기는 하되 세상의 염려와 재물의 유혹과 기타 욕심이 들어와 말씀을 막아 결실하지 못하게 되는 자요.(막 4:7, 18-19)

삼가 모든 탐심을 물리치라. 사람의 생명이 그 소유의 넉넉한 데 있지 아니하니라.(눅 12:15)

이는 다른 사람들은 평안하게 하고 너희는 곤고하게 하려는 것이 아니요 균등하게 하려 함이니, 이제 너희의 넉넉한 것으로 그들의 부족한 것을 보충함은….(고후 8:13-14)

너희도 정녕 이것을 알거니와 음행하는 자나 더러운 자나 탐하는 자 곧 우상 숭배자는 다 그리스도와 하나님의 나라에서 기업을 얻지 못하리니, 누구든지 헛된 말로 너희를 속이지 못하게 하라 이로 말미암아 하나님의 진노가 불순종의 아들들에게 임하나니.(엡 5:5, 6)

우리가 먹을 것과 입을 것이 있은즉 족한 줄로 알 것이니라. 부하려 하는 자들은 시험과 올무와 여러 가지 어리석고 해로운 욕심에 떨어지나니 곧 사람으로 파멸과 멸망에 빠지게 하는 것이라.(

딤전 6:8-10)

내 형제들아 만일 사람이 믿음이 있노라 하고 행함이 없으면 무슨 유익이 있으리요. 그 믿음이 능히 자기를 구원하겠느냐. 만일 형제나 자매가 헐벗고 일용할 양식이 없는데, 너희 중에 누구든지 그에게 이르되, 평안히 가라, 덥게 하라, 배부르게 하라, 하며 그 몸에 쓸 것을 주지 아니하면 무슨 유익이 있으리요. 이와 같이 행함이 없는 믿음은 그 자체가 죽은 것이라.(약 2:14-17)

그가 우리를 위하여 목숨을 버리셨으니 우리가 이로써 사랑을 알고 우리도 형제들을 위하여 목숨을 버리는 것이 마땅하니라. 누가 이 세상의 재물을 가지고 형제의 궁핍함을 보고도 도와 줄 마음을 닫으면 하나님의 사랑이 어찌 그 속에 거하겠느냐.(요일 3:16-17)

미국의 중산층과 세계의 나머지 사람들의 생활방식은 하늘과 땅만큼이나 다르다. 따라서 우리는 더 이상 가진 자 아닌 척 할 수 없게 되었다. 잘사는 나라의 '어느 정도 안락한' 생활 수준이라는 것도 가난에 허덕이는 사람들 입장에서는 상대적으로 부유한 삶이기 때문이다. 성서가 가진 자들에게 하는 이와 같은 경고가 우리에게도 적용된다는 뼈아픈 진실을 외면해서는 안 되겠다. 말로는 억압당하는 사람들 편이라고 하면서도 생활방식으로는 억압하는 자들을 따르는 행동은 이제 그만 두어야 한다. 우리의 넘쳐나는 소비는 가난한 자들에게서 훔친 것에 근거해 있다. 하나님은 미국에게 세계 자원의 절반을 그냥 주신 것이 아니라, 청지기로서 잘 돌보라고 주신 것이다. 그러나 미국은 가난한 자들에게서 그것을 훔쳤다. 부와 안락에 대한 미련을 버리고 억압받는 자들과 함께할 때에라야 정의를 향한 우리의 외침은 의미 있게 될 것이다. 하나님과 굶주리고 있는 이웃 앞에서 안락과 풍요를 만끽하는 특권을 포기하고, 가진 자들은 살찌우고 없는 자들은 비참하게 만드는 제도와 구조에 반대하는 쟁투에 뛰어들어야 할 책임을 우리가 뼈저리게 느끼지 않는다면, 원칙과 선의를 이야기하고 불법을 비판하며 선언을 귀가 아프도록 한들 무슨 의미가 있으며 거기에서 무슨 도덕적 권위를 기대할 수 있겠는가? 성서는 교회에게 개인적 차원과 집단적 차원 모두에서 부와 권력을 획기적으로 재분배하는 정의의 목소리를 높이라고 말한다.

신약성서에서 말하는 희생적 베풂은 얼마나 많이 주었느냐가 아니라, 주고 나서 얼마나 많이 남았느냐로 그 진정성이 확인된다(눅 21:1-4). 후히 베푸는 데도 많은 것이 남았다면 진정한 베풂이라고 볼 수 없다. 돈과 소유의 노예에서 해방되었음을 가시적으로 나타내려면 그에 따른 대가가 따르기 마련인데, 성서는 이 대가를 결코 가볍게 보면 안 된다고 누누이 경고한다. 교회는 그저 "금과 은은 내게 없거니와"라고만 말하면 안 된다. "나사렛 예수의 이름으로 일어나 걸으라!"라고만 말해서도 안 된다.

교회가 그리스도의 몸이라는 성서의 역동적인 은유는, 그리스도의 사역을 통해 우리가 그분과 서로 한 몸이 되었음을 말해준다. 이 비유는 그리스도가 교회의 머리로서 공동체에 현존하고 있음을 가르쳐 준다. 이는 교회가 그리스도의 말씀대로 살고, 그분의 사상을 드러내며, 그분의 삶과 죽음, 부활의 방식을 따름으로써 그분이 맡기신 사명을 지속적으로 수행하여 그분의 임재를 세상에 구현하라 부르심을 받았다는 말이다. 예수께서 자신은 섬김을 받기 위해서가 아니라, 섬기러 오셨다고 말씀하셨다면 우리도 그렇게 하는 게 당연하지 않겠는가! 우리를 정복자가 아닌 자신을 내어주는 몸이 되라고 부르신 십자가에 달렸던 그 몸의 머리는 자신을 따르는 자들에게도 저마다 자기의 십자가를 지라고 말씀하신다. 우리는 재물을 쌓고 영향력을 행사하고 권력을 조종하는 것이 아닌, 그리스도가 다른 사람을 위해 그러하셨듯이 자신을 비우라는 부르심을 받았다.

우리는 그분의 이름으로 냉수 한 잔을 대접하라는 명령을 받았다. 이는 배고픈 자를 먹이고, 집없는 자와 이방인들의 어려운 사정에 귀 기울이고, 감옥에 갇힌 자들에게 관심을 보이고, 외로운 자의 벗이 되어 주고, 가난하고 버림받은 자들과 함께하고, 원수를 사랑하라는 뜻이다. 이것은 또한 억압받는 자들의 삶을 피폐하게 만드는 제도와 근본적인 원인들에 온몸으로 맞서라는 뜻이기도 하다. 그리스도는 우리에게 생명을 세상에 널리 전하라고 주셨지, 사적인 교회를 위해 마음속에 간직하라고 주신 것이 아니다. 그리스도께서 긍휼로 언제나 행동하셨다면 우리도 마땅히 그래야 하지 않겠는가! 사도 요한은 우리에게 이렇게 권면한다.

> 그가 우리를 위하여 목숨을 버리셨으니 우리가 이로써 사랑을 알고, 우리도 형제들을 위하여 목숨을 버리는 것이 마땅하니라. 누가 이 세상의 재물을 가지고 형제의 궁핍함을 보고도 도와 줄 마음을 닫으면 하나님의 사랑이 어찌 그 속에 거하겠느냐? 자녀들아 우리가 말과 혀로만 사랑하지 말고 행함과 진실함으로 하자. 이로써 우리가 진리에 속한 줄을 알고 또 우리 마음을 주 앞에서 굳세게 하리니.(요일 3:16-19)

그리스도의 십자가는 구속의 상징이자 제자도의 패턴이다. 오늘날 그리스도를 따른다는 많은 이들이 인류의 아픔과 고통은 뒤로한 채 안락과 안전지대로 몸을 숨기고 있다. 많은 이들이 그리스도가 그렇게도 깊은 관심을 쏟으신 가난과 불행에 시달리는 사람들로부터 자신과 자신의 가족을 격리시키고 있다. 풍요에 취해 우리는 가난한 자들을 외면하고 사회의 지배적 행습을 그대로 반영하고 있다. 교회가 지금처럼 열정을 잃고 무기력해진 것은 가난하고 착취당하는 자들과 거리를 두고 접촉을 피했기 때문이다. 인류의 상처를 보듬지 않으려는 현대인들의 성향은 성서의 명령과 정면으로 충돌한다. 서로를 깊이 아는 것은 차치하고, 만나지도 않은 사람들에게 어떻게 마음을 열고 삶을 개방할 수 있겠는가?

성서가 말하는 사랑에는 타인에게 적극적으로 다가가는 태도가 포함되어 있다. 하나님 사랑의 절정인 성육신은 영광의 주님이 엄청난 대가를 치르더라도 무질서하고 폭력이 난무하는 세상에 적극적으로 뛰어들기로 작정하신 하나님을 보여 준다(빌 2:6-11). 이와 같은 그분의 결단은 세상의 구원으로 이어졌다. 예수의 이름을 고백하기 위해서는 자신을 비우는 사랑과 스스로 낮아지심을 삶에서 드러내야 한다. 거듭 말하지만, 이렇게 하려면 개인적 노력은 물론이고, 자신을 그리스도와 그분의 나라에, 공동체에, 그리고 그분이 위해서 죽으신 망가진 이 세상을 섬기는 일에 자신을 바치는 사람들의 집단적 노력이 절실하다.

예수 그리스도께 철저히 순종하며 산다는 것은 가난하고 억압당하는 자들과 철저히 동일시된다는 말이다. 신약성서는 이를 분명히 밝힌다. 하나님은 가난하고 힘없는 자들 중 하나로 이 땅에 오셨다. 예수 그리스도는 이 세상에서 따돌림당하고 버림받고 멸시받고 거절당한 이들에게 자신을 내어주셨고, 이로 인해 그 세상에게 멸시받고 거절당하셨다. 예수는 그들과 하나가 되셨다. 그런 예수의 복음이 가난한 자들에게 전파되자, 사람들은 그분의 말씀을 듣고자 모여들었다. 가난하고 방어할 힘도 없고 약하고 병들고 상처 받아 더 이상 기댈 곳이 없는 이들은 그런 예수께 모여들었다. 그리고 그 사람들은 그분의 백성이 되었다. 예수는 그들을 위해 싸우고, 그들의 지친 영혼을 위로하고, 그들과 함께 고통받고, 함께 울며, 함께 살기 위해 보내심을 받았다. 예수는 힘과 권력을 행사하라는 유혹을 뿌리치고, 그들 가운데 들어가 스스로 낮아지셨다. 그들이 자신들의 왕으로 삼으려 할 때 예수는 한적한 곳으로 물러나 기도하셨다. 예수는 묵묵히 그들을 섬기고 그들을 향한 하나님의 사랑을 나타내시고는 결국 그들을 위해 목숨을 바치셨다. 예수는 그들의 필요를 채울 수만 있다면 어떤 방식으로든 섬기셨는데, 이는 오로지 그들과 함께 하고 그들 가운데서 하나님의 뜻을 펼치는 것이 하나님의 기쁨임을 아셨기 때문이다. 가난한 자들이 예수의 백성이고 우리가 그분의 몸이라면, 가난한 자들은 또한 우리의 백성이기도 하다. 그리스도가 가난한 자들에게 가서 그들을 섬겼다면, 교회 또한 가난한 이들을 섬기는 백성으로 살아야 한다. 그런 이유로 토머스 머튼은 성육신의 의미를 이렇게 설명한다.

하룻밤 묵을 방이라고는 눈을 씻고 봐도 찾을 수 없는 이 세상 속으로, 곧 이 미친 여인숙 안으로 그리스도께서 오셨다. 그분은 불청객이셨다. 그분은 거기 머물면서 마음이 편치 않으셨다. 그저 이방인 같았다. 그래서 그분은 머물 곳이 없는 자들 곁으로 가셨다. 그분은 어디에서도 받아주지 않는, 힘없다는 이유 하나만으로 권력자들에게 버림받은 자들, 곧 하찮다는 평판을 받고, 인간 이하의 대우를 받으며, 고문당하고 폭탄 세례를 받고, 몰살당한 자들과 함께하셨다. 머리 둘 곳 없는 자들과 함께 그리스도는 세상에 계신다. 그분은 망가질 대로 망가진 이 세상 사람들 가운데 거하신다. 그러한 임재는 신비 그 자체다. 그분은 이 안에 자신을 숨기신다. 세상에 그분을 위한 자리는 없다.[4]

복음은 사회학자들이 말하는 "상향 이동"과는 거리가 멀다. 예수 그리스도의 복음은 오히려 우리를 그것과는 정반대로 부르신다. 낮은 곳으로 순례를 떠나라고 하신다. 성령의 능력으로 먼저 하나님 나라를 구하면, 부와 권력의 거짓 가치들에 대한 이전의 집착과 안전을 내려 놓을 수 있게 된다. 더러운 마구간에서 태어나 고난받는 종으로 머리 둘 곳도 없이 가난하게 살다가 십자가에 달리신 하나님이 가난하고 힘없는 자들과 하나가 되셨음을 복음은 증언한다. 세상은 이런 삶을 배척하고 학대하며 적대시한다. 남들과 다른 삶을 살면 십자가에 달리게 될지도 모른다. 복음에 대한 순종 여부는, 우리가 세상을 살아가면서 겪는 긴장과 갈등의 정도로 측정된다. 우리의 삶이 안전하고 안락하며 재물과 권력을 가깝게 느낀다면, 우리는 그리스도가 아닌 이 세상에 속해 있는 것이다. 우리는 가난한 자들, 피해자들과 하나가 되어야 한다. 하나님이 우리에게 그리스도의 마음을 주셨기 때문이다. 우리는 회심을 체험했기에 이 세상의 그릇된 가치들을 거부하고, 기꺼이 하나님 나라의 참된 가치들을 받아들일 수 있게 된다. 그리스도를 따를 때 이 세상의 권세를 내려놓게 된다. 가난하고 약하고 짓밟히고 버림받은 자들, 힘없는 사람들과 함께할 수 있게 되는 것이다. 워싱턴 D. C.의 세이비어 교회 목사 고든 코스비는 낮은 곳으로 순례를 떠나는 제자도에 대해 이렇게 말한다.

> 우리 사회의 밑바닥에는 가난하고 무력해서 자신의 생각이나 재능을 꽃피우지 못한 사람들이 있다. 그들의 삶의 자리는 쓰레기 처리장이다. 그들은 운동에 합류하기는커녕 그것이 뭔지조차 모른다. 그들은 어쩔 수 없이 힘있는 자들에게 이리 치이고 저리 치인다. 그들은 그들을 지켜줄 사람, 그들의 권리를 대변해줄 단 한 사람도 없어 속으로 한을 삭인다. 우리는 그들을 감옥이나 병원에서 만날 수 있다. 그들의 자녀를 우리는 복지 기관에서 만날 수 있다. 그들은 먹지도 마시지도 못한 데다가 일자리가 없어 놀고 있다. 그들의 선택은 극히 제한되어 있다. 그들은 귀찮은 존재다. 그렇다고 자신들의 권리를 보장해줄 어떤 기관을 세울 형편도 못 된다. 우리는 우리 자신의 편안한 자리에서 눈을 내리깔고 그들을 바라본다. 한심하다는 듯이. 그리고 그들을 인간 쓰레기라고 부른다. "한심한 인간들 같으니라고. 쯔쯔쯧."

당신이 버림받고 십자가에 달린 메시아를 만난다면, 복음의 스캔들인 그분은 당신을 순식간에 사로잡아 제자로 만드실 것이다. 여기에 휘말리면 당신은 그동안 만끽했던 모든 특권과 권력, 지위와 기회를 내던지고 그 운동에 동참하게 된다. 위를 향한 운동이 아닌 아래를 향한 운동에. 낮아질 대로 낮아져 더 이상 낮아질 수 없을 때 전혀 새로운 무력한 존재가 되어 당신은 오직 그리스도께 기댈 수 있게 된다. 낮아질 대로 낮아질 때에라야 그동안 외면했던 이들을 볼 수 있게 된다. 어린 시절 내게 복음을 전해준 전도자들은 이 점을 나에게 명확히 설명해주지 않았다. 그러나 신약성서의 복음 전도자들은 놀랄 정도로 이 점을 강조한다. 아래로의 운동을 계속해 나갈 때 당신은 체제에 희생당한 이들과 가난한 자들과 하나가 된다. 그들이 어디에 있던지 그건 아무런 문제가 안 된다. 그들을 만나고 그들에 관한 소식을 듣는 순간, 당신은 그들과 운명 공동체임을, 그들이 동족임을 깨닫게 된다.[5]

이 아래로의 순례를 떠나면 발길은 어느새 공동체로 향하게 된다. 이 순례는 공동체 생활을 할 때에만 떠날 수 있는 순례다. 사도행전을 비롯해 신약성서가 보여 주듯이, 초대교회 그리스도인들의 교제는 그리스도인의 삶을 공동생활, 곧 개인들의 삶 그 이상이었다. 여기 공생애 기간 동안 예수를 알았고, 예수와 함께 길을 떠났고, 예수와 함께 이야기를 나누었고, 예수의 말씀에 귀를 기울였고, 예수와 함께 생활했던 한 무리가 있다. 그들은 예수의 삶과 죽음, 죽은 자들 가운데서의 부활을 목격했다. 그들은 복음의 산 증인이다. 그들은 예수를 따랐고 그리고 예수를 버리기도 했다. 그러나 그들의 삶은 예수를 만나 완전히 바뀌었다. 그들은 예수를 따라 길을 떠났다. 이제 그들은 새롭게 변신할 터이다. 예수의 분부에 따라 그들은 다락방에 모여 약속하신 성령의 오심을 기다리고 있기 때문이다.

성령이 강림하시던 날, 그들은 한곳에 모여 있었다. 그때 홀연히 하늘로부터 "급하고 강한 바람" 같은 소리가 있었고 그들은 모두 성령의 충만함을 받았다. 성령의 충만을 받아 그들은 담대하면서도 힘 있게 복음을 전하였고, 그곳에 있던 많은 이들이 회개하는 역사가 일어났다. 그리고 신자의 공동생활이 시작되었다.

> 그들이 사도의 가르침을 받아 서로 교제하고 떡을 떼며 오로지 기도하기를 힘쓰니라. 사람마다 두려워하는데 사도들로 말미암아 기사와 표적이 많이 나타나니, 믿는 사람이 다 함께 있어 모든 물건을 서로 통용하고, 또 재산과 소유를 팔아 각 사람의 필요를 따라 나눠 주며, 날마다 마음을 같이하여 성전에 모이기를 힘쓰고 집에서 떡을 떼며 기쁨과 순전한 마음으로 음식을 먹고, 하나님을 찬미하며 또 온 백성에게 칭송을 받으니 주께서 구원 받는 사람을 날마다 더하게 하시니라.(행 2:42-47)

성령의 오심은 초대교회 그리스도인들이 공동생활을 하는 계기가 되었다.

> 믿는 무리가 한마음과 한 뜻이 되어 모든 물건을 서로 통용하고 자기 재물을 조금이라도 자기 것이라 하는 이가 하나도 없더라. 사도들이 큰 권능으로 주 예수의 부활을 증언하니 무리가 큰 은혜를 받아 그 중에 가난한 사람이 없으니, 이는 밭과 집 있는 자는 팔아 그 판 것의 값을 가져다가 사도들의 발 앞에 두매 그들이 각 사람의 필요를 따라 나누어 줌이라.(행 4:32-35)

'모든 물건을 통용'한다는 것은 단순한 실험이 아니었다. 예루살렘 교회에서만 반짝 있다가 사라질 건 더더욱 아니었다. 공동생활의 흔적이 신약성서 도처에서 발견되기 때문이다. 이 행습은 초대교회하면 제일 먼저 떠오르는 표지가 되었다. 함께 나누는 공동생활은, 돈과 소유물은 개인의 유익만을 위해 쓰고 처분할 수 있다는 사회적 통념과 정면으로 배치되는 것이다. 사유 재산은 자신의 목표와 욕망, 만족을 채우기 위해 자신의 소유물과 다른 자원을 이용할 수 있는 권리라는 생각은 그때나 지금이나 합의된 사회적 원칙이다. 그러나 너무도 자명하다고 여기는 이 경제적 전제는 기독교와는 아무런 관계가 없다. 사도행전을 비롯한 신약성서에서는 그리스도인의 교제를 몸 된 교회가 서로의 자원과 자산, 은사들을 함께 나누는 모임으로 묘사한다. 여기서 핵심은 공동 소유권의 특정한 형태 혹은 법적 지위가 아니라, 필요에 따라 나누어 쓴다는 데 있다.

이 공동체 정신은 기성 경제 체제에서 당연시하는 전제들을 여지없이 무너뜨렸다. 그리고 초대교회 신도들은 그리스도의 방법이 자원을 사적으로 쓰거나 처분하는 것에 제동을 걸고, 공동체 구성원의 필요에 따라 돈과 소유물과 재산을 함께 나누어 쓰게 하는 것이었음을 알았다. 재능이나 축복이나 물질 자원, 그 어느 것도 개인 마음대로 쓰는 것이 아니라 공동체 전체의 유익을 위해 사용되어야 함을 말이다. 물질 자원은 영적 은사와 마찬가지로 공동체의 유익을 위해 함께 나누고 거저 주어야 하는 것이지 그것을 소유한 사람의 개인적 이익을 위해 사용하면 안 된다는 것을 안 하나님이 세우신 새로운 공동체는, 이 세상의 상식을 뒤집는 분배 방식, 곧 각자가 능력과 필요에 따라 서로 주고받는 사회 체제를 만들어 냈다. 교회 역사가 증명하듯이, 교회의 이러한 자기 희생은 그리스도의 몸 안에서 시작되어 가난하고 곤궁에 처한 사람이라면 누구에게든지 확대되었다. 하나님의 백성은 시간과 공간에 제한받지 않고 하나님의 뜻과 이 땅의 가난하고 힘없는 자들을 섬기는 주님의 모범을 따른다. 섬김의 공동체로서의 그 백성의 삶 속에서 교회는 성령의 인도하심을 받고, 우리의 삶을 바꾸어 놓으신 그리스도의 사랑으로 말미암아 힘을 얻는다. 예수 그리스도는 새로운 공동체를 이끄시는 분이다. 그리고 그분은 새로운 공동체를 위해 기도하신다.

내가 아버지께로 가오니 내가 세상에서 이 말을 하옵는 것은 그들로 내 기쁨을 그들 안에 충만히 가지게 하려 함이니이다. 내가 아버지의 말씀을 그들에게 주었사오매 세상이 그들을 미워하였사오니 이는 내가 세상에 속하지 아니함 같이 그들도 세상에 속하지 아니함으로 인함이니이다. 내가 비옵는 것은 그들을 세상에서 데려가시기를 위함이 아니요 다만 악에 빠지지 않게 보전하시기를 위함이니이다. 내가 세상에 속하지 아니함 같이 그들도 세상에 속하지 아니하였사옵나이다. 그들을 진리로 거룩하게 하옵소서. 아버지의 말씀은 진리니이다. 아버지께서 나를 세상에 보내신 것 같이 나도 그들을 세상에 보내었고, 또 그들을 위하여 내가 나를 거룩하게 하오니 이는 그들도 진리로 거룩함을 얻게 하려 함이니이다. 내가 비옵는 것은 이 사람들만 위함이 아니요 또 그들의 말로 말미암아 나를 믿는 사람들도 위함이니, 아버지여, 아버지께서 내 안에, 내가 아버지 안에 있는 것 같이 그들도 다 하나가 되어 우리 안에 있게 하사 세상으로 아버지께서 나를 보내신 것을 믿게 하옵소서.(요 17:13-21)

5
새로운 공동체

새로운 대안 사회

 세상의 죄와 죽음에 직면한 교회의 최대 고민은 세상의 병폐를 깜빡 잊고 비난하지 못한 것이나, 능력 부족으로 사회를 제대로 변화시키지 못한 것도 아니다. 교회가 직면한 매우 심각한 문제는 교회가 교회되지 못했다는 것에 있다. 교회의 문제는 그리스도의 사역으로 창조되고 성령의 능력을 힘입은 새로운 사회적 실재로서 존재하지 못하고, 하나님 나라의 현존을 생생하게 드러내야 할 새로운 공동체가 되지 못한 것이다. 그렇기 때문에 교회 갱신은 개인의 체험이나 교리를 되살리고, 복음전도나 사회 활동 프로젝트를 혁신적으로 바꾸고, 전례에 따른 예배 의식을 창의적으로 바꾸고, 언어를 능숙하게 구사하고, 예산이나 건물이나 구성원을 새롭게 바꾼다고 해서 되는 게 아니다. 이 시대에 교회가 새롭게 되는 것은 공동생활을 통해 주 예수 그리스도에 대한 철저한 순종을 드러내는 지역 공동체로서 교회의 본질을 회복하고 혁신하는 성령의 사역을 드러낼 때에라야 비로소 가능하다.

우리 교회는 지금 그리스도인의 삶과 증언을 불구로 만들었고, 말하기 부끄러울 정도로 세상에 순응하고 있다. 우리는 교회의 틀을 짜면서 대기업의 구조와 가치를 받아들였다. 우리는 이 세상의 기관이나 관료제를 답습하면서 그들의 기법과 방식을 그대로 수용했다. 교회는 세상의 통상적 가치들을 뒤집기보다는 그것을 고스란히 받아들였고, 하나님 말씀의 명확한 선포를 시민종교로 바꾸어 버렸다. 신앙 공동체가 주변 세계의 삶과 사고에 물들어 변화를 거부할 때 하나님은 무섭게 경고하신다. 이는 성서의 일관된 가르침이다. 교회는 하나님의 백성이라는 성서적 비전, 곧 세속의 한가운데 있는 대안적 사회가 되어야 하는 중차대한 과제를 받았다. 이방인, 유랑자, 순례자, 나그네, 외부인, 소금, 빛과 같은 하나님 백성을 일컫는 성서의 은유들이 우리의 일상에서 되살아나고 본래의 의미가 회복되어야 한다. 소금이 맛을 잃거나 빛이 어두움에 삼킨 바 되면 그것들은 존재 가치를 잃어 아무짝에도 쓸모 없다. 교회는 세상 안에 있지만 세상에 속하지 않고 세상과 차별화될 때에라야 세상을 섬기고 복음을 전할 수 있다.

회개와 제자도를 실천하라는 부르심은 새로운 공동체, 자발적인 사회, 그리스도의 구원을 맛보고 더불어 그리스도가 주시는 새로운 생명과 자유를 증언하는 사람들로 구성된 새로운 공동체로의 초대이기도 하다. 그리고 새로운 이 대안 사회는 덧없이 사라질 낡은 질서의 지배를 받고 있는 이 세상 속에서 하나님 나라의 새로운 질서를 증언한다.

신약성서는 하나님 나라의 가치와 성격(새로운 질서), 그리고 세속 체제의 가정과 구조(낡은 질서) 사이에 처음부터 긴장이 존재한다고 말한다. 사실상 이 말은, 우리가 주님을 신실하게 따르려고 할 때 자신들의 이미지로 빚어내고 자신들의 틀에 맞추려고 하는 세속 가치들, 또는 세속 체제의 일상적 양식들과 충돌하게 된다는 뜻이다. 지배와 폭력을 일삼는 이 세상의 통치자들과 권세들이 원하는 교회는, 생명을 부여하는 권세와 능력으로 두려움을 안기는 교회가 아니라 국가를 위한 것이라면 군말없이 행하는, 그래서 언제든 이용하고 조종할 수 있는 그런 교회다. 그리스도를 따르겠다고 진지하게 약속할 때, 우리는 믿음을 타협의 대상으로 삼고 복음의 치유와 변화 능력을 증언하는 우리를 잠재우려는 세상과 맞설 각오를 해야 한다.

하나님은 우리에게 우리의 방법대로 제자도의 틀을 짜라고 하시지 않았다. 그분은 그의 백성들에게 공동체라는 선물을 주셨다. 믿음과 투쟁의 공동체는 낡은 질서에 저항하고 새로운 질서를 환영하는 중추, 곧 망가진 우리가 치유되는 것을 목격하는 곳이자 예수 그리스도 안에 새로운 가능성들이 있음을 세상에 드러내는 표지가 되어야 한다. 이 새로운 종류의 신앙 공동체를 신약성서는 교회라고 부른다. 이 공동체는 시간과 공간이 바뀌면서 형태를 달리한다. 그러나 신자들 가운데 공동체가 존재해야 한다는 원칙은 변하지 않는다. 복음은 우리를 새로운 생활방식으로, 곧 우리와 국가를 치유하기 위해 그리스도께서 조성하신 새로운 환경으로 부른다.

무엇보다 그리스도 공동체는 믿음의 의미, 우리가 몸담고 살며 증언하려는 이 세상의 본질에 대한 새로운 자각을 불러일으키는 공동체여야 한다. 구조와 사회적 가치들, 세상에서 활동중인 역사적 세력들에 대한 새로운 자각 없이 우리는 분별의 과제를 수행할 수 없다. 중요한 것은, 그리스도인이 받은 부르심의 성격과 요구들, 그 부르심이 세상에 성실하게 참여하는 것과 어떤 연관이 있는지를 새롭게 이해하는 일이다. 행동은 정체성에 대한 바른 믿음에서 비롯된다. 따라서 현대 교회가 가장 먼저 해결해야 할 문제는 하나님 백성으로서의 정체성을 회복하는 것이다.

다음으로, 그리스도 공동체는 새로운 자각에 기초하여 새로운 생활 양식을 만들어내는 곳이어야 한다. 이 공동체는 새로운 생활방식이 꽃을 피울 수 있도록 세속적 형태와 패턴이 가하는 강한 압력과 요구로부터 신자들을 보호한다. 그러한 보호에 힘입어 사람들은 자신의 삶이 달라지는 것을 목격하고 세상에 현존하시는 그리스도를 집단적으로 증언하는 일에 참여할 수 있게 된다. 이런 신앙인들의 교제는 하나님 나라의 첫 열매, 곧 이 세상의 질서를 바꾸는 일종의 시범 프로젝트가 된다.

마지막으로, 그리스도 공동체는 새로운 자각과 새로운 생활방식에 눈 뜨기 시작하는 세상에 창조적으로 반응하는 곳이어야 한다. 이 반응들은 공동체의 믿음과 삶을 증언하고 혁명적 변화의 가능성을 나타내는 표지가 된다. 이 반응들은 인간의 생명과 가치를 공격하면서 사람들에게 자신의 이미지를 새기려는 이 세상 체제의 우상숭배와 권세들에 맞서는 것이다. 이러한 맞섬은 변화와 새로운 대안을 세우는 가능성으로 나타난다. 새로운 자각을 이끌어 내고, 새로운 생활방식을 만들어 내며 창조적 반응을 유도하기 위해 공동체는, 모든 일을 제쳐두고 성서 연구에 힘을 쏟고 이 시대의 사회적·역사적·정치적·역사적 세력들을 꼼꼼히 살피고 기도와 성령의 인도하심에 철저히 의존해야 한다.

공동체 만들기는 본질상 혁명적 행위다. 이것은 이 세상 체제를 지배하는 기관들과 권세들, 우상들에 대한 의존에서 벗어나게 하고, 기성 사회와는 전혀 다른 가치에 기초해 새로운 집단적 실재를 만들어 냄으로써 우리의 삶을 옭아매는 세상 체제에 도전하는 것이기 때문이다. 믿음의 사람들에게 주어진 가장 책임감 있는 정치적 행위는, 성서적 관점에서 혁명적 상황을 만들 교회를 세우는 것이다. 회개와 방향 전환은 대안을 제시할 때에라야 가능하다. 대안에 대한 담론보다는 대안을 삶으로 살아내고 대안 자체가 되는 것이 훨씬 더 중요하다. 교회는 기술을 중시하는 사회의 뒤틀린 가치들을 종교적으로 재생산할 것이 아니라, 그리스도께서 이 세상에 현존해 계심을 증거하는 표지가 되는 일에 힘써야 한다. 교회는 삶을 통해 이 세상이 알아보지 못하는 그리스도를 구체화하고 가시화해야 한다.

우리는 권력이 거대하고 집중되어 있으며, 초대형 기업들이 거의 모든 분야에 영향을 끼치는 시대에 살고 있다. 우리는 기본적 필요를 채우기 위해 점차 대기업과 국가 관료제에 의존하게 되었고, 그것들이 우리를 조정하고 주관해도 문제삼지 않는 지경에 이르렀다. 우리는 그것들의 가치관을 거의 베끼다시피 살고 있다. 막강한 힘과 영향력을 행사하는 거대 기관들은 사람들로 하여금 그것들이 세운 뜻과 목표를 따라 살도록 노골적으로 부추기고 있다. 대규모 기술과 천문학적 액수의 개인 자본, 경제와 정치의 점진적 집중화로 소수의 사람이 엄청난 권력을 거머쥐고 있다. 우리 자신을 위해 내리는 대다수 결정은 사실상 그 존재와 권위에 우리 모두가 너무나도 익숙해있는 기관들에 의해 조정되고 있다. 집단 자본주의의 관리자든 중앙 국가 관료제의 관리자든, 소수의 권력 지도층들이 다수의 의사결정 과정을 생략하면서 통제하고 지배하고 있다. 이 거대 기관들은 생산과 분배와 경제 과정의 통제에서, 나라 안팎의 공공정책을 결정하는 정치 영역에서, 정보와 광고, 대중 매체에서, 교육과 문화 활동에서, 노동과 다양한 직업에서, 법률과 재판 과정에서, 그리고 종교에서까지 비길 데 없이 막강한 영향력을 행사한다. 대중은 안락과 안전, 편의라는 상품들로 "잘 만들어진" 삶을 누리고 싶어 신에 버금가는 권력을 지닌 기관들에게 자신들의 결정권을 내주었다. 사람들은 지배적 기관들에 의해 만들어진 '욕구들'을 소비하는데, 그것은 대중을 의존적이고 주체적이지 못하고 다루기 쉬운 대중 사회로 전락시키는 방식으로 충족된다.

세상을 좌지우지하는 이 경제적·정치적 구조들은 많은 이들을 억누르는 한편, 나머지 사람들은 시키면 아무 소리도 못하고 따라 하게 만든다. 그것들에게 상처를 입거나 파멸당한 사람들의 수가 전쟁에서 목숨을 잃은 사람들의 수보다 많다. 그들은 이 세상 체제를 비즈니스라는 이름으로 자연스럽고 규칙적이고 합법적으로 운영한다. 이 구조들이 겨냥하는 주된 목표는 딱 하나, 자신의 이익을 영구히 챙기는 것이다. 세상을 쥐락펴락하는 이런 통치자들과 권세들의 결정 과정에서 인간의 희생이나 처지는 전혀 고려되지 않는다.

이 지배적 기관들은 사회적·경제적·정치적 체제를 통제할 뿐 아니라, 문화적 양식의 틀을 만들어 대중의 개인적 가치들을 조종하기까지 한다. 이는 사람들이 자신의 생계와 안전을 그들에게 의존해 있어 그들에게 밉보이면 안 되기 때문에 가능한 일이다. 이 기관들은 대중에게 쉽게 먹히는 당근과 채찍이라는 정교하면서도 겁먹게 하는 수단들을 발전시켜 왔다. 사정이 이러할진대 기관들의 가치와 우선순위가 사람들에게 그대로 전수되는 것은 어쩌면 너무나 당연한 일이다.

이 기관들이 행사하는 힘의 최대 원천은 정치적·경제적 힘이 아니라 사람들의 삶을 지배하는 영적인 힘이다. 기관들의 손에 놀아나는 바로 그 사람들이 사실상 그 기관들의 영구 존속을 지지하는 최대 세력이다. 사람들이 충직한 일꾼과 소비 중독자들, 고분고분한 시민으로 변신한 것이다. 죄와 죽음이 어떻게 사람들의 삶에 영적인 지배력을 행사하는 지에 대해 성서는 이렇게 말한다.

> 우리의 씨름은 혈과 육을 상대하는 것이 아니요 통치자들과 권세들과 이 어둠의 세상 주관자들과 하늘에 있는 악의 영들을 상대함이라.(엡 6:12)

이 모든 것에 함축된 명백한 의미는 세상을 지배하는 구조적 힘과의 싸움은 정치적·경제적 수단만으로는 치를 수 없다는 것이다. 실제로 이 강력한 기관들에 맞서는 정치적·경제적 노력과 대안들은, 우리가 이 세상의 통치자들과 권세들과 '영적 전쟁'을 치르고 있다는 성서적 실재에 기초하지 않으면 물거품이 될 뿐 아니라 오히려 쉽사리 그 편으로 흡수되고 말 것이다. 통치자들과 권세들에 대항한 싸움에서 우리가 사용해야 할 무기는, 그들의 무기, 곧 그들이 명백히 독점하고 있고, 그들이 행사하는 힘의 원천인 세상 체제라는 무기여서는 절대로 안 된다. 그렇게 하면 패배는 불 보듯 뻔하고, 혹 승리를 했다하더라도 실제로는 인간의 삶과 자유에 대한 또 다른 패배에 지나지 않을 뿐이다. 우리가 이 세상의 무기들을 사용하거나 지금과 같은 세상 체제의 구조 안에서 싸운다면 근본적 변화는 기대하기 어렵다. 오히려 우리는 하나님이 그분의 백성들에게 주신 무기를 사용하여 통치자들과 권세들에 맞서 영적 전쟁을 치러야 한다(엡 6:11-20). 우리가 사용할 수 있는 무기는 '진리' '의' '믿음' '구원' '평안의 복음' '기도' '성령' '인내' '중보 기도' '하나님의 말씀'이다. 이 무기들을 사용할 때 우리는 '주 안에서와 그 힘의 능력으로 강건'하여지고 '마귀의 간계를 능히 대적'하고 '악한 날에 모든 일을 행한 후에 설' 수 있게 된다.

세상을 지배하는 기관들이 사람들의 삶을 영적으로 지배하는 일은 무조건 중단시켜야 한다. 그것에 헌신하라는 요구를 뿌리치고, 충성과 지지를 중단하고, 그들이 세운 목표에 더 이상 끌려 다니지 않으려 할 때 통치자들과 권세들은 긴장한다. 사람들이 굽실거리지 않고 시키는 대로 하지 않으려 할 때 세상 권세들은 자신들의 영적 장악력에 문제가 있음을 알게 된다. 권력자들이 예수를 어떻게 다루었는지, 역사적으로 집권자들이 자신들에 반대한 자들을 어떻게 다루었는지를 보면, 이 세상의 통치자들과 권세들이 자신들의 권리가 도전을 받거나 진리와 맞닥뜨리면서 자신들이 우상숭배를 강요했음이 밝혀졌을 때 그들이 왜 두려워 떨 수밖에 없는지를 알 수 있다.

그리스도 안에 있는 구원의 복음은 이 세상 체제의 가장 강력한 기관들이 행사하는 우상숭배적인 힘과 지배력에서 벗어나려는 사람들의 필요에 초점이 맞춰져 있다. 사람들의 삶을 변화시켜 다른 방식으로 살게 하는 하나님의 사역이 복음의 핵심이다. 하나님께 순종하는 길은 그저 개인이 혼자 떠나는 여행이 아닌 여럿이 함께 가는 순례의 길임을 성서는 시종일관 강조한다. 개인의 힘으로 집단의 세력과 힘에 맞서는 것만으로는 안 된다. 그들과는 전혀 다른 일련의 가치와 가정들을 지닌 또 다른 형태의 집단적 힘으로 우리는 그들에 대항해야 한다. 현 체제의 거대 기관들의 지배와 통제는 새로운 집단적 세력으로 맞서야 하고 맞설 수 있는데, 그 세력은 함께 삶을 나누고, 서로 힘이 되어 주고, 서로에 대한 의무와 책임을 다하고, 공동의 헌신에 서로 최선을 다하고, 기성의 가치와는 다른 일련의 가치들을 강화하는 성령의 능력을 받는 신자들의 모임에 토대를 둔다.

한 개인의 삶에 지대한 영향을 미치는 것은 생존과 지지를 위해 자신에게 철저히 의존해있다는 느낌을 갖게 하는 기관 혹은 일련의 체제다. 생존과 안전을 위해 그리스도 공동체보다 세상 통치자들과 권세들에 더 매달리는 그리스도인들이 다수인 현실에서 교회가 할 수 있는 일이란 고작해야 세상에 순응하는 것뿐이다. 우리의 삶과 우리의 영적 생존 자체가 개인적으로나 경제적으로 또한 정치적으로도 그리스도 공동체에 집중되어야 함을 우리는 성서의 눈으로 파악할 수 있어야 한다. 지역 교회 공동체는 우리 삶에서 더없이 중요하면서도 주된 집단적 실재, 우리가 살아내는 일상적 환경, 우리를 지켜주고 지지해주는 사람들의 교제가 되어야 한다. 교회는 그리스도 안에서 서로에게 자신의 삶을 헌신한 사람들의 모임, 모든 것을 함께 나누는 믿음과 신뢰의 교제, 성서의 눈으로 우리의 삶과 사회를 바라보는 곳, 세상을 변화시키는 하나님 나라의 복음의 능력을 집단적으로 나타내는 표지가 되어야 한다.

교회는 그리스도를 통해 변화를 체험하고 있는 사람들의 새로운 공동체로서 세상에 다리를 놓으라는 부르심을 받았다. 이는 우리가, 자신들이 존재한다는 사실만으로도 세상의 가치와 가정들과 구조에 이의를 제기하고, 사람들을 해방시켜 새로운 방식으로 살게 하는 하나님 나라를 의식하는 사람들의 모임이 되는 것을 최우선 과제로 삼아야 한다는 뜻이다. 오늘날 교회의 복음전도는 이 성서적 비전에 따라 수정되어야 한다. 그리고 이제 그 오랜 세월, 세속에 물들대로 물들었던 그리스도 공동체는 그리스도 안에서 자신의 정체성을 재발견하면서 세상 권세들에 대한 미련을 과감히 버리기 시작하고 있다. 하나님의 백성은 신앙 공동체를 묘사하는 성서의 중심적 은유다. 그들은 초월적 규범에 따라 공동생활을 해야 하는 까닭에 "낯선 나라에서 주님을 찬양"하는 이방인이 되고, 자기 자신과 통치자들 및 권세들, 우상과 이데올로기에 대한 숭배에서 벗어나 하나님의 구원 능력을 증언하는 새로운 사회적 실재가 된다.

성령의 창조

성서에 따르면 하나님은 성령의 역사를 통해 신실한 백성을 일으켜 자신의 뜻을 펼치신다. 교회는 하나님이 보내신 성령의 충만을 받아 삶과 사명이 새롭게 바뀐 오순절에 시작되었다. 교회는 자신의 힘이나 순전히 인적 자원만으로 사명을 감당하려 하면 안 된다. 교회는 그리스도가 사역을 완성하시면서 보내신 성령의 공동체가 되어야 하기 때문이다. 교회는 인간의 손이 아닌 주님이 지으시는 집이다.

성령이 태어나게 하신 교회는 카리스마적 구조를 지닌다. 말하자면, 교회는 위계질서나 민주주의가 아닌 성령의 은사들에 따라 구성된다. 교회에 거저 주시는 이 은사들은 다양하고 풍성하다. 은사를 주신 목적은 몸을 든든히 세우고 교회로 하여금 세상에서 사명을 감당하게 하려는 데 있다. 그리스도가 주신 새로운 생명 덕분에 영적 은사를 부여받은 지체들은 그 은사들을 사용하여 세상에 현존하시는 예수 그리스도의 능력을 구현하는 교회의 삶과 사명을 굳건히 다져야 한다. 영적 은사들은 교회를 드러내는 표지이자 교회의 각 지체들의 삶과 백성의 삶을 변화시키고 치유하는 수단이다.

그리스도 공동체는 은사들을 사용하여 갱신과 화해의 가능성을 세상에 드러낸다. 이 성령 공동체는 예수의 이름과 능력으로 사람들의 필요를 채우고 상처를 싸매는 역할을 감당하기 위해 존재한다. 우리는 사도행전에서 성령이 오시면서 영적 갱신과 사회적 혁명에 불이 지펴진 것을 볼 수 있다.

성서는 성령 충만이 가난하고 억압당하는 자들의 아픔을 치유하려는 마음 및 능력과 밀접하게 관련있다고 줄곧 말한다. 성령의 은사는 교회에 새로운 필요에 따라 주신 것이기에, 우리는 성령의 새롭게 하시는 능력을 힘입어 지금까지 무시당하고 홀대받았던 영역들에 새로이 참여할 수 있게 되었다. 신실한 마음으로 순종하는 하나님의 백성에게는 사명을 수행하는 데 필요한 은사가 주어질 것이다. 우리가 세상의 통치자들 및 권세들과 치르는 전쟁은 본질상 영적 전투 - 경제와 정치에서 사람들을 억압하는 원천이 에베소서 6장에서 보듯이 영적 악과 사탄의 세력임을 의미하는 - 이기에 그리스도 공동체는 그들이 쓰는 것과 똑같은 경제적·정치적 무기로 싸우지 않는다. 우리는 영적 자원과 능력, 성령의 은사들을 사용하여 악한 영들의 목표와 그로 인한 결과에 맞선다. 불법과 폭력을 행사하는 기관들과 맞설 때 그러한 영적 능력을 사용하는 법을 알기 위해 우리는 기도에 힘을 힘써야 한다. 1세기 그리스도인들은 상상하지 못했던 사회 정치적 실재들 한가운데서 우리가 교회로 존재하기 위해서는 우리 가운데서 새로운 형태의 은사들에 대한 자각이 싹터야 한다.

영적 은사들을 새롭게 나타낼 뿐 아니라 전형적인 성령의 은사들을 새로운 방식으로 표현하려는 움직임이 우리 가운데서 일어나고 있다. 초대교회 신자들이 은사들을 체험했을 때 그들은 이 은사들이 도대체 어떤 종류인지 감을 잡을 수 없었다. 은사들의 실체가 드러난 후에야 바울을 비롯한 여러 사도들은 그 은사들에 이름을 붙이기 시작했다. 오늘날 이 은사들 중 몇몇을 나타내는 기존의 방식은 성서보다는 문화적 관습에 따른 것이다. 오늘날 성령의 은사들은 성령 운동에서 밝히 드러나기에 굳이 특정한 형태나 방식으로 표현하지 않아도 된다. 예컨대 예언의 은사는 특정한 예언적 어휘와 수사법을 지니기에 지금의 방식과 똑같은 방식을 취하지 않아도 된다. 교화시키고 위로하며 책망하는 예언이 현재를 조명하는 하나님의 빛과 관계되어 있는한, 그 예언이 취할 수 있는 형태는 매우 다양하다. 그리스도인들이 현재 체험하고 있는 영적 은사들의 중요성과 가치를 깎아 내리려는 것이 아니다. 다만 우리 가운데서 개발할 수 있는 새로운 형태의 은사들에 대해 열린 자세를 가져야 함을 강조하고 싶을 뿐이다.

성령은 공동체의 원천이시며, 그분의 사역은 개인의 교화보다 공동체를 세우는 것에 더 깊이 연관되어 있다.

예배는 그리스도인들의 일반적 생각과는 달리 공동체와 사회적 참여에 매우 중요하다. 신약성서가 공동체 '세우기'를 이야기할 때 예배는 항상 등장한다. 그리스도의 몸을 든든히 세울 때 성령의 임재가 예배하기 위해 모인 공동체에서 확연히 드러난다는 주장은 매우 설득력 있다. 칼 바르트는 『교회 교의학』의 "성령과 그리스도 공동체를 든든히 세우기"라는 장에서 다음과 같이 말한다.

> 공동체는 예배하는 중에 고양된다.⋯또한 그러한 고양을 지속하는 것 또한 예배할 때다. 공동체가 그 예배중에 고양되지 못하면 일상이나 세상 속에서 사역을 감당할 때 고양되기는 어렵다.

그리스도인의 삶의 중심이자 전제 조건, 곧 그러한 삶을 살아내는 바로 그러한 분위기로서의 예배를 회복할 때 교회는 많은 것을 얻게 된다. 예배와 그리스도인이 순종하며 사는 일상은 별개가 아니다. 예배는 내부 원인으로서 외부 원인 일상에 내용과 성격을 부여한다.

그렇기 때문에 성서는 외부 원, 곧 예배가 낳는 일상적 순종으로 내부 원인 예배의 가치를 평가하는 것이다. 우리가 드리는 예배는 우리 그리스도인의 일상적 삶이라는 외부 원으로 확산되어야 하고, 우리의 일상적 언어와 행동, 태도들은 예배가 되어야 하는 것이다.

우리가 드리는 공동 예배의 성격이 우리의 사회 참여를 검증하는 궁극적 잣대다. 우리가 드리는 예배의 수준이 우리가 세상에서 올바로 섬기고 사역하는지를 비롯하여 우리가 하는 모든 일의 수준을 드러낸다. 함께 드리는 예배에서 하나님의 능력을 체험하지 못하면서 세상 일에서 그분의 능력을 체험할 수는 없다.

성령의 사역 또한 도덕적 분별의 중심을 이룬다. 사도행전 내내 성령은 특히 결정을 내릴 때 깊이 관여하신다. 『그리스도와 시간』에서 오스카 쿨만은 성령이 정확히 하시는 일은 바울이 사용한 단어 '도키마조'에 잘 요약되어 있다고 주장한다(이 단어는 '검증하다' '분별하다' '입증하다' '결정하다'처럼 다양하게 번역된다). "성령의 역사는 '분별하기'에서, 즉 매 순간 기독교 윤리적 판단을 올바로 내릴 수 있는 능력에서 확연히 드러난다.…이 '분별하기'가 신약성서의 윤리를 꿰뚫는 열쇠다."

이와 같은 신약성서 전체의 윤리를 꿰뚫는 열쇠는 하나님 나라와 예수의 가르침과 크게 다르지 않다. 성서학자들에 의하면, 바울은 '성령'의 개념과 '하나님 나라'의 개념 사이에 내적 연관성이 있다고 보며, 바울의 가르침에 나타난 성령의 역할은 공관복음서에 나타난 하나님 나라의 역할과 비슷하다. '하나님 나라의 윤리'와 그리스도 윤리의 회복에 대한 우리의 관심이 열매를 맺기 위해서 우리는 바울의 성령 이해를 깊이 연구할 필요가 있다.

화해의 사역

소외, 갈등, 증오, 깨짐, 분열은 우리 시대를 특징짓는 표지다. 이에 반해 복음은 화해와 새로운 생명의 메시지를 전한다. 회복하고 깨진 관계를 바로잡는 것이 화해의 사역이다. 그리스도의 십자가를 통해 하나님은 원수들과 화해하셨다. 하나님께 반기를 들고 서로 미워했던 우리는 그리스도의 사역을 통해 하나님과, 그리고 서로 화해하였다. 예수 그리스도의 교회는 이와 같은 화해의 사역을 펼침으로써 그리스도가 맡기신 사명을 수행하게 된다.

사명을 감당하기 위해 우리는 소외와 긴장, 반목이 극심한 지역으로 갈 준비를 해야 한다. 그리스도의 화해 사역이 절실히 필요한 곳은 싸움과 폭력이 끊이질 않는 곳과 일치하기 때문이다. 그리스도 공동체가 화해의 메시지를 전하려면 무질서와 갈등의 최전선에 서야 한다. 교회가 그렇게 할 때, 절망적이고 파괴적인 상황으로 치달을 수도 있는 곳에 반성과 치유, 방향 전환이 일어난다.

또한 우리는 고통과 상처로 얼룩진 사람들의 삶 속으로 뛰어들 각오를 해야 한다. 어딜 가든지 사람들은 개인적 분열과 정서적 혼란으로 신음하고 있다. 그리스도 공동체는 참되면서도 지속적인 치유가 일어나는 환경을 조성하여 영적으로 죽어가는 자들, 사랑과 용납을 갈망하는 자들, 삶 속에서 인간적 따스함이나 친밀감을 맛보지 못하는 사람들을 끌어 안아야 한다. 많은 이들이 자신들의 삶이 변화되도록 도움을 주고 관심을 가져 줄 사람을 애타게 찾고 있다.

화해의 기초는 막힌 담과 장벽을 무너뜨리고 "새로운 인류"를 창조하시는 그리스도의 사역이다. 우리는 의롭다 하심의 개인적 의미와 사회적 성격 모두를 파악해야 한다. 바울은 그리스도 안에서 이루어진 '새로운 창조'와 사람들 사이를 가로막았던 '담이 무너진 것'에 대해 누차 이야기한다. 그는 유대인들과 이방인 그리스도인들이 한마음으로 예배를 드리고 함께 삶을 나누지 못하는 것은 교회임을 포기하는 것이라고 경고한다. 사도는 유대인이나 헬라인이나 종이나 자유인이나 남자나 여자나 모두 그리스도 예수 안에서 하나라고 선포한다(갈 3:28). 바울은 여기서, 이전에 사람들을 갈라놓고 억압과 갈등을 일으켰던 차별, 즉 인종과 계급, 성차별에 파산 선고를 내린다. 그리스도 공동체는 이 분열시키고 억압하는 역사적 실재들이 교회의 삶에 더 이상 영향을 끼치지 못하게 하여 그러한 사실들을 무력화시키는 그리스도의 사역에 참여하라는 부르심을 받았다. 그렇지만 우리는 복음의 명령에 따라 이 장벽들을 무너뜨리기보다는 오히려 인종과 민족, 국적에 따라 당파를 나누는 교회를 탄생시키고 있다. 우리는 주변 세계의 계층 및 계급 구조를 그대로 받아들이는 교회를 만들었다. 우리는 교회 신도의 대다수를 차지하는 여성들을 침묵하게 만들고 그들을 온전한 사람으로 보지 않음으로 교회를 엉망으로 만들었다. 분열시키고 쪼개는 세상 체제를 답습하는 교회가 화해의 메시지를 전한다는 것은 가당치 않은 일이다.

기존의 사회 체제로부터 따돌림을 당하고 빼앗기고 무시당했던 사람들은 가짜로 들통 난 옛 우상들을 대신할 새로운 우상의 이름으로 반란을 일으킬 것이다. 이는 역사적 필연이다. 모든 기존 체제는 체제의 피해자들을 안주하고 체념하며 순응하게 만드는 한편, 힘을 행사하고 소비하며 조종하는 그 체제의 노선을 계속 추구하게 만드는 양면 작전을 쓴다. 기존 세력들은 끊임없이 자기잇속을 챙기려 하고, 억압당하는 집단들은 자신들의 생존과 갈망, 성취에 필요한 새로운 여건과 관계를 계속 요구한다면 이러한 갈등은 불을 보듯 뻔하다. 불법과 억압은 시간이 흐르면서 반대와 반란을 낳게 마련이다. 이것이 인간의 정신이다.

불만 세력들이 폭력과 파괴 전략을 택할 때 기존 체제의 집단과 기관들이 의미 있는 변화를 억압한다면 정의와 화해는 만신창이가 되고 만다. 필요한 중재와 근본적인 사회 변화를 위한 통로들이 완전히 막힌, 오늘날 세계 곳곳에서 목격되는 그러한 상황은 매우 첨예한 갈등을 낳기 마련이다. 소외와 불법이 만연하고 소통이 두절된 상황에서 혁명이 일어날 때, 교회는 이것을 필요한 변화들이 자연스레 일어나지 못하도록 만든 가진 자들과 힘있는 자들의 무감각과 부패에 대한 하나님의 진노의 표시로 봐야 한다.

그러한 상황에서 그리스도 공동체가 해야 할 선택은 갈등의 한가운데로 뛰어드는 것이다. 기존 체제의 불법과 폭력에 편승하여 단물을 빨아먹던 자들이 안락과 안전, 특권의 자리에서 혁명을 탓하고 비난하는 것은 위선이다. 그리스도인들이 혁명의 소망과 목표, 열망에 이렇다 할 반응을 보이지 않는 것은 그들 역시 자신들의 믿음에 혁명적 속성이 있으며, 그리스도가 세상을 불쌍히 여기신다는 사실을 잊어 버렸기 때문이다. 그리스도인들은 지금의 상황이 끔찍하고 억압적이기에 혁명적이라 할 변화가 절실히 필요함을 깨달아야 한다. 예수는 많은 열심당원들과도 허물없이 지냈는데, 그들이 펼치는 정치적으로 과격한 운동은 그분에게 집요하기 이를 데 없는 유혹이었다. 예수가 종교 및 정치 지도자들을 싸잡아 비난하고 가난한 자들을 자신의 분신으로 여기자 당국자들이 그를 종종 열심당원으로 오해했을 정도로 그분은 급진적이었다. 오늘날 대다수 교회가 가난하고 억압받는 자들이 벌이는 반정부 시위에는 비판적이면서 기존 체제의 가치와 기관들에 대해서는 친위적인 것은 무슨 까닭인가? 예수께서는 절대 그런 생각을 하지 않았음에도 말이다. 그 당시 예수와는 달리, 지금의 그리스도인들이 현대판 열심당원이라는 인상을 좀처럼 주지 못하는 것은 그리스도께서 세상, 특히 가난하고 착취당하는 이들을 불쌍히 여기셨음을 이해하지 못하기 때문이거나 긍휼한 마음을 잃어 버렸기 때문일 것이다.

하지만 그리스도 공동체는 예수가 그러하셨듯이 구원과 해방은 폭력과 무력으로 이루어지고, 하나님 나라의 수단은 죽음의 수단과 양립할 수 있다는 잘못된 가정들에서 벗어나야 한다. 예수가 열심당의 선택을 끝내 거부한 것은, 하나님 나라가 무력 사용이 아닌 섬김과 화해, 즉 십자가라는 그리스도의 방식으로 도래하는 것임을 보여 준 것이다. 진정한 해방을 꿈꾸는 혁명이 처절하게 실패하는 것은 그 혁명이 무너뜨리려 하는 기존 질서 및 체제의 도덕적 권위와 도구적 수단을 답습하기 때문이다.

모든 과격한 혁명에 내재된 죽음에 대한 이 도덕적 의존은, 단지 그 혁명이 처음에 내건 공약을 실천하지 못하고 원래의 목표에서 한참 빗나가고 새로운 체제의 '현실주의적' 요구들을 충족시키려는 혁명적 의지를 포기하는 것보다 근본적인 문제다. 오히려 죽음에 의지하기 때문에 혁명이 시들해지는 경우가 흔하다. 혁명이 싹트면서 드러나는 죽음의 도덕적 권위와 지배는 온갖 혁명이 이름에 걸맞은 열매를 맺지 못하게 하는 근본 원인이다. 폭력은 타락이 낳은 열매다. 폭력은 타락한 창조세계가 무기로 삼는 도구다. 다양한 형태로 나타나는 폭력은 죽음의 통치이자 수단이다. 폭력은 총기 사용, 망가질 대로 망가진 인간 관계, 기관들의 불법, 혼란과 무질서, 억압적인 상황, 인간 고통이 일어나는 정황, 세상 체제의 거짓과 교만 등 모든 것에 손을 뻗는다. 그렇기 때문에 혁명에 맞서는 폭력 행사는 체제의 폭력을 되돌리기는커녕, 오히려 다른 얼굴로 나타나는 죽음의 세상 통치를 공고히 할 뿐이다. 자끄 엘룰은 이렇게 말했다. "모든 폭력 행위는 그것이 아무리 사소하고 명분이 있다 하더라도 세상에 폭력의 힘을 확산시키는 도덕적 악영향을 끼칠 뿐이다. 따라서 전쟁을 끝내는 전쟁, 인간다움과 해방을 실현하는 전쟁, 정당한 전쟁, 정당한 혁명, 영광과 구원을 가져다 주는 폭력이란 전부 허구다." A. J. 머스티의 말처럼 "평화에 이르는 길이란 없다. 평화가 곧 길이다."

하나님은 폭력과 대항 폭력의 순환을 심판하고 바로잡고 폐쇄적 사회의 빗장을 여실 수도 있지만, 폭력과 죽음에 철저하게 의존하는 혁명은 결코 소외의 근원을 제거하여 화해를 이루지는 못한다.

소외와 불법의 방식들이 계속해서 목소리를 낼 때, 그것의 속도는 매우 신속하고 방식은 예전처럼 혹은 그 이상으로 과격하고 파괴적일 때가 많다. 혁명의 문제는 지나치게 과격하다는 것이 아니라 충분히 과격하지 않다는 것이고, 너무 많은 것을 바꾼다는 것이 아니라 충분히 바꾸지 못한다는 것이다. 혁명은 우상숭배와 소외의 구조들을 바꾸거나 뒤집을 수는 있어도 결코 뿌리 뽑지는 못한다. 혁명은 생산과 분배 방식들을 바꿀 수는 있겠지만 인간 상황의 근본, 곧 그러한 방식들의 근본은 바꾸지 못한다.

혁명 한가운데서 화해를 이루기 위해서는 혁명의 궁극적 목표와 열망을 확증하는 동시에, 혁명 자체의 거짓된 신화를 벗겨 내는 것이 중요하다. 사회의 소외와 불법은 권력자들과 그들이 지배하는 기관들 - 이 기관들의 통치가 의와 평화, 정의 실현을 가로막는 유일한 걸림돌이다 - 때문에 일어난다는 가정에 대해서는 인간의 죄와 우상숭배에 대한 보다 심오한 이해로 대응해야 한다. 이는 불가피하게 찾아올 환멸에 대비하기 위함이다. 그리스도인들은 혁명에 기초해 사람들과의 교제를 지속하려는 사랑과 화해의 공동체임을 자각하면서 "반혁명 운동가들"의 인간성을 옹호해야 한다. 억압하는 계층을 뒤집어 폭정을 끝내려는 시도는 피상적일 뿐이다. 하나님은 혁명을 통해 역사하실 수도 있다. 그러나 처음 약속과는 달리 역사적으로 그 결과가 미미하기 짝이 없는 혁명 공약들에 대해 그리스도인들은 의문을 품지 않을 수 없다. 그리스도인들이 현상 유지의 가치와 구조들을 재가할 수없는 것과 마찬가지로 과거의 실패에 대한 죄책감을 누그러뜨리려 여러 형태로 나타나는 과격한 폭력을 미화할 수도 없다. 거듭 말하지만, 오늘날 우리가 직면한 문제는 성서에 기초한 대안들을 모색하기보다는 이런저런 세속적 선택을 아무런 비판 없이 받아들인다는 점이다. 교회는 서둘러 혁명에 가담하고 혁명이 선포하는 새로운 우상숭배들을 무턱대고 받아들이는 일을 피해야 한다. 그렇지 않다면 이는 교회가 세속 질서에 무릎을 꿇는 것이고, 자신을 국가와 운동과 이데올로기로 착각하는 것이고, 하나님이 '우리편'이라 잘못 믿는 것이고, 정교일치를 부르짖은 콘스탄티누스 황제의 실수를 되풀이하는 것이고, 하나님 나라의 도래를 증언해야 할 임무를 망각하는 것이고, 소외와 불법과 폭력, 죽음의 세력과 싸우기 위해 주님이 세우신 새로운 전략을 잊어 버리는 것이다.

그리스도께서는 열심당과 거리를 두셨지만 그분이 가난하고 억압받는 자들의 편인지 당대 권력자들의 편인지에는 의문의 여지가 없다. 정치와 종교 지도자들은 예수가 체제 전복을 꾀했다고 판단하여 그를 처형했다(미국의 권력자들이 밥 먹듯이 하는). 가난한 자들에 대한 폭력 사용이나 집권자들과 한통속이 되는 일에 예수는 조금의 관심도 없으셨다. 이에 반해 열심당의 과격한 폭력 사용은 사역 내내 예수의 유혹거리이기도 했고 예수를 불편하게 만들기도 했다. 앞서 주목했듯이 오늘날 교회에서 예수와 정반대로 행동을 할 뿐 아니라 열심당원이라는 인상을 주는 그리스도인이 없다는 것은 오늘날 교회가 예수의 권위에 대해 어떻게 생각하는지를 잘 보여 주는 대목이다.

예수가 메시아를 자처하며 무장 세력을 이끌었다는 것은 오해지만 정치와 종교 권력자들에 맞서 가난한 자들의 편을 들었다는 주장은 사실이다. 우리의 비폭력이 그리스도의 방식과 정신을 본받으려 한다면 신뢰성과 혁명성을 인정받을 것이다. 우리의 비폭력적 태도가 이데올로기에 의해 오용되어 힘없는 자들의 고통을 외면하게 만들고 우리의 미온적인 태도가 권력 체제에 의해 조정된다면, 가난한 자들을 억압 혹은 비폭력을 알린답시고 우리를 향해 들고 일어설 것이다.

그리스도를 따르고 비폭력 정신을 되살리기 위해서는 선택과 행동을 통해 가난한 자들 편임을 확실히 보여 줄 뿐 아니라 체제를 전복하려는 혐의로 법정에 기소될 각오도 해야 한다. 그리스도는 고난받는 종이라는 자기 이해에 기초하여 행동하셨다. 그분은 자신의 공동체에게 같은 길을 걸으라고, 부와 권력을 쟁취하려는 싸움을 비난하라고, 가난하고 억압받는 자들을 위해 헌신하라고 명하신다.

그리스도는 하나님이 해방과 화해의 새로운 시대를 여셨다는 표지인 십자가와 부활의 승리를 드러내기 위해 무력 사용을 거부하고 권력 쟁취의 길을 피하셨다. 그리스도 안에서 비폭력과 고난은 불가분의 관계인 것이다. 따라서 그분의 화해 공동체 또한 고난받는 공동체가 되어야 한다. 교회가 가난한 자들과 함께해야 할 첫 공동체는 바로 고난의 공동체다.

기성 체제의 집권자들과 혁명을 이끄는 이들 사이에는 근본적인 공통점이 있다. 둘 다 개인을 대의명분의 노예로 만든다는 점이다. 그리스도 공동체는 이를 거부한다. 과격한 폭력을 사용하는 이들이 비난받는 것은 나쁜 수단을 이용해 새로운 질서를 창조하기 때문이 아니라, 그 노선이 그런 방식으로 만들어내는 질서가 결코 새롭지 않기 때문이다. 수단은 목적과 밀접하게 관련되어 있다. 폭력과 죽음이 낳은 질서는 폭력과 죽음으로 유지되는 기성 체제의 대안이 아니다. 기성 체제의 억압과 폭력에 대한 대응으로서의 폭력은 그 체제의 가치를, 생명을 업신여기는 죽음의 호전적 힘을 다른 방식으로 답습하는 것일 뿐이다. 폭력이라는 수단에 호소하면 우상숭배의 악순환은 고착될 뿐이다. 폭력의 행사는 하나님이 세상을 바꾸고 고치기 위해 택하신 수단들, 곧 낮아짐, 사랑, 희생, 십자가와는 무관한 구원과 화해를 추구하기 때문이다. 세상은 편을 가르고 '이웃'을 경쟁자로 간주하는 데 급급하지만, 예수는 다양한 사람들, 열심당원과 세리, 죄인과 제사장, 유대인과 로마인, 가진 자와 없는 자들 모두와 어울리셨다. 그러면서도 예수는 원수를 벗으로 삼고, 나아가 죽기까지 순종하여 하나님의 '원수' 되었던 자들을 그분의 자녀로 거듭나게 하셨다. 그분은 이 모든 일을 무력이나 권력이 아닌, '자기를 비워 종의 형체를 가지사…죽기까지 복종하셨으니 곧 십자가에 죽으심'으로 그 일을 이루셨다. 성서의 정치는 예수의 방식과 행동을 그리스도인과 사회, 권력, 혁명, 사회적 변화의 관계를 이해하는 열쇠로 삼는다. 윌리엄 스트링펠로우는 그분의 방식을 다음과 같이 명쾌히 설명했다.

그러는 사이, 1세기에는 열심당원들로 상징되는 문제가 있었다. 그리스도인과 열심당원의 관계는 껄끄러웠다. 국가가 도덕적으로 타락하고 억압하는 현실에 직면한 그리스도인들은 열심당원들 못지않게 규모와 범위에 있어 혁명적이라 할 변화의 필요성을 뼛속 깊이 느끼고 있었다. 하지만 그리스도인들은 열심당원들의 전략을 선뜻 받아들일 수 없었다. 국가의 폭력에 대응한 과격한 폭력은 폭력적인 체제를 낳을 뿐임을 잘 알고 있었기 때문이다. 윤리와 연결되어 있지 않은 전략은 아무런 의미가 없다. 원수를 따라하는 것은 우리의 이상을 이데올로기로 오염시키고, 혁명을 물거품으로 만들 뿐이다. 그리스도인들은 인내하는 가운데 비폭력 저항 운동을 펼치고, 죽음의 활동을 부추기는 그 어떤 것도 피한다. 그것만이 이 세상에 새로운 형태의 삶을 가져오기 때문이다. 1세기의 그리스도인들이 그랬듯이, 그리스도인들은 국가에 의해, 그리고 열심당원들의 호전성과 공격성으로 인해 희생을 치른다하더라도 그래야 한다.[1]

그의 말은 계속된다.

그리스도인에게서 되살아난 이 특징에 담긴 정치적 의미는 무엇인가? 그것은 그리스도인들은 바라바를 모델이자 상징으로 하는 혁명가들과는 다른 혁명을 꿈꾸는 사람들이라는 뜻이다. 그리스도인은 언제 어디서나 자신이 아닌 타인을 위하는 혁명적인 존재다. 본래 화해를 이루는 데 따르는 고난 – 자신이 사회의 구성원이라는 체험 – 에는 어김없이, 줄기차게, 영구히, 끈질기게, 필연적으로 혁명적인 그 무언가가 있다. 그 무언가는 세상을 살아가는 그리스도인의 삶을 구성한다. 혁명적인 그리스도인은 인간의 생명을 저버리고, 함정에 빠트리고, 틈만 나면 죽이려는 그 모든 것을 신랄하게 폭로하며, 맞서고, 뒤집어엎음으로써 자신과 사람들을 위한 생명을 선물로 기쁘게 받아들인다. 혁명가로서 그리스도와 바라바의 차이는 임박한 실재이자 혁명의 궁극적 가치로서의 삶과 죽음의 차이다.[2]

명분과 이데올로기가 아닌 생명을 옹호하고 하나님 나라를 증언하려 할 때 그리스도인들은 동료를 잃을 각오를 해야 한다. 그리고 권력자들은 그러한 증인을 체제를 전복하려는 불온한 자로, 다른 혁명주의자들은 자신들의 운동을 방해하는 훼방꾼으로, 반혁명주의자로 낙인찍으려 한다. 그것이 무서워 교회가 화해 사역을 중단한다면, 새 생명의 소망을 포위하고 삼켜 버리려는 우상숭배의 순환 고리와 죽음의 세력에 의해 소망은 완전히 짓밟혀 버리고 만다.

섬김의 힘

너희 안에 이 마음을 품으라. 곧 그리스도 예수의 마음이니, 그는 근본 하나님의 본체시나 하나님과 동등 됨을 취할 것으로 여기지 아니하시고, 오히려 자기를 비워 종의 형체를 가지사 사람들과 같이 되셨고, 사람의 모양으로 나타나사 자기를 낮추시고 죽기까지 복종하셨으니 곧 십자가에 죽으심이라. 이러므로 하나님이 그를 지극히 높여 모든 이름 위에 뛰어난 이름을 주사, 하늘에 있는 자들과 땅에 있는 자들과 땅 아래에 있는 자들로 모든 무릎을 예수의 이름에 꿇게 하시고, 모든 입으로 예수 그리스도를 주라 시인하여 하나님 아버지께 영광을 돌리게 하셨느니라.(빌 2:5-11)

예수께서 제자들을 불러다가 이르시되 이방인의 집권자들이 그들을 임의로 주관하고 그 고관들이 그들에게 권세를 부리는 줄을 너희가 알거니와, 너희 중에는 그렇지 않아야 하나니 너희 중에 누구든지 크고자 하는 자는 너희를 섬기는 자가 되고 너희 중에 누구든지 으뜸이 되고자 하는 자는 너희의 종이 되어야 하리라. 인자가 온 것은 섬김을 받으려 함이 아니라 도리어 섬기려 하고 자기 목숨을 많은 사람의 대속물로 주려 함이니라.(마 20:25-28)

십자가는 신약의 최대 스캔들이다. 하나님의 낮아지심은 정치적·군사적 힘에 변함없는 신뢰를 보내고 권력을 손에 넣을 생각으로 가득 찬 세상을 향한 하나님의 분노다. 하나님은 우리의 역사 속으로 들어오신다. 정치 권력이나 무력을 휘두르는 모습이 아닌 종의 모습으로 말이다. 세상의 역사는 통치자, 장군, 왕조, 제국, 전쟁, 선거, 부자, 권력자들에 초점을 둔다. 이에 반해 성서는 가진 것 없고 상처받기 쉬운 자들과 함께하고, 고난 받는 종으로 이 세상을 살았고, 정치적·군사적 권력을 쟁취하라는 유혹을 뿌리치고, 제자들의 발을 씻기고 사람들을 위해 자신을 희생함으로 자신의 왕권을 행사하셨던 한 분 안에서 역사의 의미를 찾을 수 있다고 증언한다.

위르겐 몰트만은 『십자가에 달리신 하나님』이라는 자신의 책에서 성서에 담긴 이 주제를 탁월하게 풀어낸다.

그리스도의 죽음이 한 정치범의 죽음이었음은 명백하다. 당시 사회의 가치 척도에 따르면 십자가형은 치욕 그 자체였다. 십자가에 달린 이 사람이 부활, 승천하여 하나님의 그리스도가 되신 것은, 대중들이 하찮게 여기던 것, 국가가 불명예스럽다고 했던 것이 최고의 그 무엇으로 바뀐 사건이다. 이렇게 하나님의 영광은 권력자들의 왕관이 아닌 십자가에 달리신 그리스도의 얼굴 위에서 빛을 발한다. 이로써 하나님의 권위의 주체는 더 이상 고위층 인사들이나 힘 있는 자들, 가진 자들이 아니라 두 강도 사이에서 돌아가신 버림받은 인자가 되신다. 하나님 나라의 통치는 이제 정치적 지배와 세상 왕국이 아닌, 십자가 위에서 죽기까지 자신을 낮추신 그리스도에 대한 예배에서 드러난다. 이는 기독교 신학이 기성 사회와 교회의 정치 신학에 대해 비판적이어야 함을 보여 준다. 오직 십자가의 정치 신학은 국가 지도자들로 더 이상 우상을 예배하지 못하게, 인간이 정치적으로 소외되거나 권리를 잃어 버리지 않게 해야 한다. 이 신학은 국가와 사회의 신화적 요소들을 제거하고, 십자가에 달리신 그리스도를 높이고, 정치적 지배 관계를 종식시키는 데 관련된 가치들을 지닌 혁명을 준비한다.[3]

하나님이 예수 그리스도 안에서 낮아지신 사건이 교회의 정치적 증언에 함의하는 바가 무엇인지를 우리는 성찰해야 한다. 교회가 사회를 지배할 요량으로 정치적 힘, 나아가 군사적 힘까지 손에 쥐려고 하는 것은 그리스도의 방식과 정면으로 배치되는 것이다. 우리가 세상의 방식대로 힘을 추구한다면 이는 우리가 이 세상 체제와 이데올로기에 물들어 있음을, 세상 사람들이 중요시하고 위대하다고 여기는 것을 그대로 수용하고 있음을 의미하는 것이다. 신약성서는 정치적 권세와 군사적 힘의 사용이 아니라, 엄청난 대가와 희생을 치르더라도 다른 사람들을 기꺼이 섬기려는 자세를 위대하다고 말한다. 예수는 종이 되어 왕권을 행사하신다. 예수 안에서 지도자와 종의 경계가 무너진다. 예수는 종으로 섬기는 왕이시다. 우리가 그분의 백성이라면 우리는 섬기는 자가 되어야 한다. 문제는 이것이다. 그렇다면 예수 그리스도의 권위란 무엇인가? 하는 것이다.

지금처럼 '그리스도인의 사회적 책임'이라는 단어가 왜곡되고 오용된 적이 없다. 세상에 대한 책임을 다하겠다는 생각에 많은 그리스도인들이 책임에 대한 세상적 정의와 규범을 그대로 받아들이고 있다. 세상의 이념적 체제에 만연되어 있는 정치적 현실주의와 경제적 필요가 당연한 규범으로 인식되면서 그리스도인들도 심각하게 영향을 받고 있는 것이다. 의심할 여지없이 그리스도 공동체는 세상에 책임을 다하는 삶과 행동을 보여 주어야 한다. 세상에서 이루어지는 일에 기독교만의 독특하면서도 중요한 책임을 져야 하는 것이다. 그러나 여기서 우리는 다음과 같은 매우 중요한 질문을 제기해야 한다. 그리스도인이 세상에 책임을 지는 행동을 해야 한다면 어떤 또는 누구의 행동 양식을 따라야 하는가? 우리의 행동 규범은 세상의 관점에서 유익하고 필요하고 현실주의적이고 타당하고 책임있는 것을 따라야 하는가? 아니면 성서적 증언, 무엇보다 예수 그리스도가 이 세상에서 보여 주신 방식, 곧 스스로 낮아지고 십자가를 짊으로 세상에 대한 책임을 다하신 방식을 따라야 하는가?

예수를 주로 진지하게 고백하는 자들에게 종의 자세와 십자가가 요구된다는 것은 정치적으로 자명하다. 세상이 말하는 권력과 권세를 행사할 책임이 정말로 우리에게 요구되었다면 그리스도야말로 자신이 말한 기독교적 책임에 걸맞은 삶을 살지 못했다는 비난을 받아야 마땅하다. 우리는 신약성서에서 '기독교 현실주의자' 예수를 결코 발견할 수 없다. 그리스도인의 사회적 책임을 말하면서 예수가 거부한 정치적 힘과 무력을 선택한다는 것은 성육신의 권위와 이 세상의 구원과 화해를 위해 택하신 하나님의 방식을 욕되게 하는 것이다. 예수의 삶과 죽음이라는 방식을 외면하고 다른 방식을 선택한다는 것은 그리스도를 거부하는 '다른 빛'을 받아들이는 셈이다.

예수 그리스도의 복음이 이 세상을 사는 우리에게 촉구하는 책임은 하나님 앞에서의 책임이다. 그리스도인이 세상에서 책임을 지는 방식은 그리스도를 따르는 것뿐이다. 고난받는 종으로 십자가에 달리신 그분의 방식은 우리가 인간의 처지와 정치적 현실의 필요를 인식하면서 책임적이라고 생각하는 행동과 방식과는 전혀 다른 것이다. 책임을 둘러싼 이 딜레마는 어려운 숙제다. 신약성서는 효율성이니 성공이 아니라, 순종이 믿음의 평가 기준이라고 누누이 말한다. 이 '복음의 논리'는 우리의 통념을 완전히 깰 뿐 아니라, 우리의 온갖 이데올로기와 정치적 허상을 신랄하게 고발한다. 세상의 정치적 현실을 고려한 '책임적' 존재가 되는 것과 신약성서가 말하는 십자가에서의 예수 그리스도의 삶과 죽음이라는 종의 방식 사이에 조화란 불가능하다.

신학은 이러한 딜레마를 해결하려는 과정에서 수없이 뒤틀리고 일그러졌다. 난해한 성서 구절을 만나면 무시하거나 외면하기 일쑤였고, 피상적으로 주석하기도 했다. 예수의 급진적 윤리는 과거라는 창고에 갇혀 정체 불명의 "중간 윤리"가 되거나 미래로 투영된 종말론적 윤리로 전락하고 말았다. 이 모두가 하나님 나라의 윤리를 현실과 동떨어진 것으로 만들려는 시도였다. 기성 체제와의 타협과 공조라는 현실 정치를 통해 변화를 꾀하려는 사두개인들의 방식과 혁명을 통해 체제를 뒤엎으려는 열심당원의 전략 모두를 거부한 예수가 어느새 정치적 메시아로 변신한 것이다. 예수를 개인적인 칭의에만 관심을 두는 "내 영혼의 구세주"로 격하시키고, 신약성서의 핵심인 하나님 나라의 메시지를 부인하고, 제자도를 따르라는 엄중한 명령을 삭제하고 말았다. 성직자와 평신도의 구분이라는 준성서적 가정을 통해 "특별한 소명"을 이야기하는 사람들도 있고, 그리스도의 "불가능한 가능성"을 말하면서 예수를 정치와는 무관한 인물로 묘사하려는 사람들도 있다. 이러한 접근들은 그리스도를 사적이고 개인적인 수준으로 격하시키는 한편, 그리스도인의 사회적 참여의 근거를 세상이 정한 규범과 정치적·경제적 '책임'에 두려는 것이다. 이것은 신약성서에서 개인적일 뿐 아니라 구조적이면서 정치적인 우리의 삶과 모든 정황을 한 치도 빠뜨리지 않고 다스리는 그리스도의 주되심을 크게 훼손하는 행위다.

이러한 온갖 형태의 해결책들의 문제점은, 예수의 삶과 죽음이 결코 고분고분하지 않았다는 사실을 회피하게 하거나, 예수를 사람들이 사회 생활을 하면서 지는 짐들, 곧 대다수 사람들이 져야 할 사회적·정치적 책임이라는 부담을 대신 지는 특별한 사람으로 축소시켜 그분의 성육신을 부인하게 만든다는 데 있다. 이렇듯 이 세상의 방식에 근거한 기독교적 책임이 그리스도의 성육신에 담긴 구체적 의미를 무시하도록 놔둔다면, 이웃을 섬기는 종으로서의 교회의 방식은 정치적 현실주의의 전략들에 의해 대체되고 말 것이다.

이와 같은 이 세상의 힘의 논리는 종으로 섬기는 것이 결코 무기력함의 표지가 아님을 이해하지 못 한다. 섬기는 삶의 방식이 오히려 권력의 대안이 될 수 있음을 말이다. 종으로 섬기는 삶은 진리의 힘, 다수에 반대하는 힘, 정책적 신임을 억제하는 힘, 우상숭배의 실상을 고발하는 힘, 대안적 비전의 힘, 희생과 인내의 힘, 치유와 화해의 힘, 창의력을 발휘하여 참신한 표지들을 선보이고 새로운 모델을 구축하고 개척자적인 아이디어를 만들어내는 힘, 세속 체제에 대한 양심적 반대와 참여를 통한 예언자적으로 증언하는 힘, 악과 고통을 유발시키기기보다는 그것을 참아내는 힘, 순종에서 오는 기뿜을 유일한 보상으로 여기고 생명을 섬기는 힘, 저항과 축제의 힘 등을 그 기반으로 삼는다. "수용 가능한 선택들"을 넘어 새로운 대안을 선택하고 그것을 삶으로 드러내는 것이야말로 정치적 결단에 매우 중요한 요소다. 사회 변두리나 밑바닥, 곧 그들과는 다른 헌신과 다른 가치에 근거해 행동하는 주류와는 동떨어지고 정치 권력들이 다루어야 할 결정적 세력인 이들과의 점진적 개혁을 통해서만 근본적인 변화는 일어난다. 그들은 보통 "책임 있는 의견"과 "실행 가능한 선택"의 영역 밖에 존재하지만, 사실 그들의 존재와 행동만으로도 사회적 변화를 이끌어 낼 촉진제다.

권력에 대해 예수의 설교(마 20장, 막 10장)의 맥락은 하나님 나라가 임할 때 자신들에게 특혜와 권력을 보장해달라고 제자들로부터 요구를 받았을 때였다. 여기서 제자들은 기득권자들을 비난하면서 그들과 똑같은 것을 요구한다. 이는 권력이 얼마나 뿌리치기 힘든 매력이자 유혹임을 잘 보여 주는 대목이다. 이처럼 선한 것을 위해 더 큰 권력과 지배력을 추구하려는 것은 제자들의 실수를 되풀이하는 셈이다. 이 구절에서 예수는 권력을 쥔 자들이 마치 자신들이 자선 사업가인양 하지만 실제로는 자신들의 권력을 영원히 차지하고, 그 권력을 지키고 확대하기 위해 수단과 방법을 가리지 않는 자들이라고 지적하면서, 제자들의 요구를 일축하고 권력 투쟁에 끼어들 생각을 하지 말고 오히려 남을 섬기고 하나님 나라를 구하라라고 명하신다. 예수는 자신을 남의 처분에 맡기고 십자가를 통치의 수단으로 삼아 부활을 통해 승리를 거둔 왕이시다. 그분이 다스리는 표지는 섬김과 고난으로, 그분과 더불어 통치하기 위해서는 우리도 그 섬김과 고난에 참여해야 한다.

섬김을 통해 그리스도의 통치에 참여한다는 이 대안은 우리가 받은 주권을 행사하는 것이다. 목적이 수단을 정당화하고 바람직한 사회적 목표를 위해서는 비윤리적 수단을 통해서라도 이뤄야 한다는 것은 가야바의 신앙을 따르는 행위다. 오늘날 우리는 예수 그리스도를 십자가에 못 박았던 바로 그 권력을 얻기 위해 혈안이 되어 있지는 않은가! 목적을 이루기 위해서는 어떤 것과도 타협할 수 있다는 계산적인 윤리가 바로 우리의 주님이신 예수를 죽이고 정당화하는 데 사용되었던 바로 그 논리다. "한 사람이 백성을 위하여 죽어서 온 민족이 망하지 않게 되는 것이 너희에게 유익한 줄을 생각하지 아니하는도다."

신약성서의 윤리는 공리와 계산이 아닌 순종과 믿음에 기초한다. 우리는 선을 이루기 위해 악과 타협하겠다고 결정할 통찰력이나 도덕적 권리가 없다. 악과 타협하겠다는 것은 하나님을 신뢰하기보다 우리 자신의 통치권을 행사하고, 하나님께 순종해야 할 책임을 "역사에 맡기는" 공리주의 철학과 혼동하는 것이다. 역사의 결말은 하나님의 일이다. 하나님이 역사 속에서 일하실 때 우리의 몫은 우리의 삶과 세상을 향한 하나님의 뜻이 계시된 예수 그리스도께 철저히 순종하면서 이웃을 섬기는 것이다. 믿음이란 겉으로 보기에 별

볼 일 없는 순종의 길을 기꺼이 추구하고, 결과가 어떠하든 하나님을 신뢰하는 것이다. 십자가는 우리가 따라야 할 모범이자 방식이며, 예수 그리스도의 부활에서 나타난 하나님의 능력으로 역사상 가장 위대한 승리로 바뀐 위장된 패배다. 믿음은 십자가라는 방법과 부활 능력을 통한 삶이다. 존 하워드 요더는 섬기는 사람들에 대해 이렇게 말한다.

이 세상에 절실히 필요한 것은 새로운 가이사가 아니라 새로운 방식이다. 방식은 국가나 정부가 아닌 백성에 의해 창조되고 갱신되고 기획된다. 이는 도덕적 소수가 할 수 있는 일이며 지금까지 해왔던 일이다.
해방은 새로운 왕이 아니다. 우리는 그것을 여러 번 시도해봤다. 해방은 새로운 선택안의 현존이다. 해방은 세상 권세에 굴하지 않는 하나님의 언약 백성만이 줄 수 있는 것이다. 해방은 권력이라는 버팀목 없이도 정치 수완이라는 흐름을 거슬러 살 수 있는 매우 타당하고 일관성 있는 새로운 대안의 현존이라는 압박이다. 그러한 선택안이 되는 것, 그것이 바로 진정한 자유다.[4]

예언자적 소수

교회는 이 세상 권세와 기관처럼 영향력을 행사하는 세력이 되라고 부름 받지 않았다. 오히려 교회는 자신이 놓은 덫에 빠졌던 역사를 기억하고, 계시라는 토대 위에 굳건히 서서 예언자적 역할과 소명에 헌신하는 데 필요한 독립적이고 자유로운 모임이 되도록 부름 받았다. 교회가 기존 체제의 가치와 안전, 체제와 방식들을 추구한다면 그 사회에 정말로 필요한 예언자적 증언은 요원해진다. 교회는 다수를 얻기 위해 복음의 요구를 가볍게 만들거나 세상에 순응하기보다는, 삶의 새로운 가능성으로 사람을 부름으로써 세상을 섬기는 소수로서의 성서적 사명을 감당해야 한다.

교회가 하나님의 계시라는 교회의 토대를 저버릴 때 교회의 예언자적 선포의 기반은 무너진다. 교회가 어떤 식으로든 기독교 신앙을 대중화하겠다는 잘못된 생각에 사로잡혀 있으면 계시된 하나님 말씀의 중심 역할을 무시하게 되고, 이로 인해 중요한 윤리적 판단을 할 수 있는 권리와 통찰력을 잃게 된다. 그러므로 교회가 예언자적 사명을 회복하기 위해서는 그 기반이 되는 계시를 먼저 회복해야 한다.

이에 반해 교회가 윤리적 판단의 토대를 위한 계시의 필요성에 대해서는 확신하지만 교회와 사회에서의 계시의 적실성에 대해 눈을 감는다면 이는 사실상 계시를 부인하는 것이다. 계시가 사회적 상황에 적용 가능하며 정치적 상황에 의미를 부여한다는 점을 무시하거나 평가절하하는 것은 계시의 가능성을 완전히 부인하는 것만큼 해롭다. 계시는 윤리적 판단과 행동의 기초가 되어야지 윤리적 판단과 행동의 대체물이 되어서는 안 된다.

예수의 중심 메시지는 하나님 나라다. 그리스도의 통치인 하나님 나라는 의와 평화, 정의를 특징으로 한다. 우리는 먼저 그 나라를 구하라는, 그 나라가 임하도록 기도하라는, 그 나라가 이미 우리 가운데 들어와 있음을 깨달으라는, 그 나라의 약속 가운데 살라는, 이 세상 나라가 우리 주님의 나라로 바뀔 그날을 기대하라는 부르심을 받았다.

그러나 오늘날 교회는 이와 같은 하나님 나라를 이데올로기, 프로그램, 운동, 기관, 정부와 구분하지 못할 정도로 세속화되었다. 교회는 그 나라를 마음 한 구석에 제한함으로써 개인적 문제로 축소하거나, 그 나라를 오로지 천국으로 제한함으로써 영적인 문제로 치부하거나, 마지막 때의 종말론적 사건과 관련지어 말함으로써 그 나라의 현재성을 제거했다.

이 모든 것은 하나님 나라가 현재와 미래 두 가지 속성을 지닌다는 성서의 관점을 무시한 것이다. 하나님 나라는 하나님이 최종적으로 완성하실 때에 완전한 능력과 권세로 임하지만, 그럼에도 우리는 지금 그 나라의 실체를 느끼며 살 수 있다고 성서는 말한다. 하나님 나라는 미래에 완성되지만 역동적 힘과 능력으로 지금의 역사를 뚫고 들어온다. 하나님 나라의 최종 승리는 너무나 확실하기에 우리는 세상 기준에 따라 살 것이 아니라, 그 나라의 도래에 담대하게 참여한다. 교회는 하나님 나라의 첫 열매, 곧 우리의 삶과 사회를 향한 하나님의 뜻을 이제 깨닫기 시작한 사람들의 모임이 되라는 부르심을 받았다. 교회는 하나님 나라의 메시지를 흔쾌히 받아들이고 이를 증거해야 할 의무를 가진 이들의 알갱이다. 교회는 하나님 나라의 도래를 알리고 그 나라를 기다리는 표지다. 교회는 하나님 나라의 도래를 기다리며 사는 공동체다. 그런 까닭에 다른 이들을 통제하려는 규범과 가정들에 따라 사는 것을 거부하는, 기존 체제에 순응하기를 완강히 거부하는 공동체일 수밖에 없다. 따라서 새로운 공동체의 삶은 그리스도와 그분의 나라를 최우선으로 하고, 장차 올 그러면서도 이미 진행 중인 새로운 창조 세계의 표지가 된다.

그리스도인은 예수 그리스도 안에서 이미 시작된 인간의 미래에 관한 메시지를 전한다. 새로운 질서가 역사 속으로 들어왔고 마침내 완성될 것이라는 메시지를 말이다. 바꾸어 말해, 우리의 삶과 사회를 뒤집어엎을 혁명이 이미 시작되었고 우리는 그 약속 안에 거하면서 혁명에 참여한다. 우리는 그 혁명이 우리의 삶에 던지는 의미를 곱씹으며 과거에 연연하지 않고, 현재를 체념하지도, 미래를 두려워하지도 않는다. 미래에 대한 이와 같은 기대와 확신은 '새로운 인류'로의 변혁이라는 실재에서 비롯된 것이며, 그 기대와 확신은 어떤 반대 세력도 쉽게 파괴되지 않는 급진적인 생각이다. 새로운 질서와 그 능력에 참여하는 우리는 이제 아무런 두려움 없이 새로운 대안들을 만들어내고 섬길 수 있게 되었다. 현실과 기성 체제의 구조를 무너뜨리고 있는 혁명의 약속 안에서 이미 살게 된 것이다.

이 모든 것이 그리스도 공동체에 이 세상에서 수행해야 할 예언자적 사명을 부여한다.

새로운 공동체는 그리스도가 세상의 통치자들과 권세들을 이미 이기셨음을 증언한다(골 2:15). 그리스도는 그들의 무장을 이미 해제시키셨기 때문에 그들은 결국 패배하고 말 것이다. 계층, 인종, 성, 이데올로기, 정치, 돈, 그리고 권력이라는 체제들은 이제 더 이상 우리를 어찌지 못한다. 그리스도의 승리로 사람들은 그 체제의 종노릇에서 해방되었다. 체제의 궁극적 권세는 타파되었다. 그리스도 공동체는 그리스도가 세상의 권세들을 분명히 이기셨음을 나타내라는 부르심을 받았다. 그리스도 공동체는 이 세상 권세들의 지배가 절대적이지도 철옹성 같지도 않음을 밝히 드러내야 한다. 그리스도 공동체는 아직까지 권력의 억압으로 신음하는 자들에게 소망과 변화를 보여 주어야 한다. 교회는 권력이 정해진 선을 넘어서거나, 스스로 절대성을 주장하거나, 인간을 조종하려 하거나, 그리스도 공동체에 유일하게 궁극적인 권위를 행사하는 하나님 나라에 반하는 행동을 지시한다면 이에 도전하고 저항해야 한다. 그리고 교회는 통치자와 권세를 이기신 그리스도의 승리의 방식인 십자가로 하나님 나라에 참여하고 권력에 저항한다.

하나님 나라의 역동적인 대리인이 된다는 것은 우리가 받은 가장 고상한 소명이다. 하나님 나라는 낮아지고 자신을 내어주는 사랑을 통해 의와 정의, 평화라는 새로운 힘을 만들어낸다. 하나님 나라에 헌신하기 위해서는 어떤 희생도 감수해야 한다. 생명까지도 기꺼이! 그렇게 할 때에라야 우리는 이 세상을 지배하는 죽음과 비인간화의 순환을 끊을 수 있고, 현 체제가 우리에게 부과하는 의무를 거부할 수 있다. 성서적 판단에 따라 모든 것을 점검할 때, 교회는 체제 순응적인 태도를 벗어 버리고 공동체와 변화를 향한 걸음을 내딛을 수 있게 된다. 우리는 이 모든 세상의 종노릇에서 벗어나 그리스도와 그분의 나라를 섬기는 일에 헌신할 수 있게 된다.

하나님 나라는 우리 안에, 우리 가운데 있다. 하나님 나라는 우리의 표준, 우리의 소명, 우리의 소망이자 구원이다. 하나님 나라는 우리의 모든 프로그램, 전략, 프로젝트, 명분보다 더 깊고 더 강력하고 더 심오하고 영속적이다. 하나님 나라의 표지가 되라는 이 소명을 망각하면 아무리 고상한 목적이라도 우리의 명분과 우리 자신은 낡은 질서에 편입되어 포로가 되고 만다. 낡은 질서는 하나님 나라가 역사 속으로 침투해 들어와 순응과 억압을 통해 새 질서들을 삼켜버리려 호시탐탐 노리고 있다.

그렇기 때문에 우리는 기도하고 분별하며, 소망과 변화의 징후를 감지하기 위해 구체적 상황 이면에 감추어진 진실을 볼 줄 아는 능력을 갖춰야 한다. 그렇게 할 때에라야 우리는 성령의 움직임을 알아채고 그것을 또렷이 드러내며, 복잡한 상황을 명확하게 설명해

낼 수 있다. 우리는 우리가 본 것에 기초하여 현재의 무질서와 불법 너머에 있는 그 모든 것을 의심할 용기를 가져야 한다. 우리는 세상 속에 살지만 세상을 본받지 않아야 하고, 사람들 가운데 살지만 그들에게 동화되지 않아야 한다. 이렇게 그리스도 공동체는 구체적 상황에서 진리를 인식하고 우선순위를 매기고 미래의 방향을 인지할 수 있는 비전을 통해 즉흥적인 욕구와 흥미, 문제라는 악순환을 끊는 곳이 된다.

그러므로 우리의 예언자적 사명은 영적 분별력을 지니고 역사의 힘과 성령의 움직임에 민감해야 한다. 신문 헤드라인에 사건 사고들이 장식될 때 단순히 그것에 반응하는 것으로 만족해서는 안 된다. 그것 이상이어야 한다. 그렇지 않으면 때를 놓쳐 재앙과 고통에 직면할 수도 있다. 오히려 우리는 지금의 역사적 방식과 선택들이 낳는 나쁜 영향들에 대해 경고하고, 우리의 의제를 세상이 결정하도록 내버려두지 않아야 한다. 세상사와 관련된 우리의 의제는 우리가 몸담고 있는 역사적 여건과 상황에 관해 하나님이 어떤 말씀을 하시는지 질문함으로써 도출해야 한다. '정치적' 운동들은 상황의 변화에 따라 일어났다가 시들해지는 법이고, 내면에만 치우친 '영적' 운동은 정치적 현실과 씨름하기에 역부족이다. 영적으로 심오한 토대가 정치적으로 민감한 의식과 만날 때에라야 성서적 의미에서 예언자적이라고 할 수 있다.

기독교적 혁명은 세상의 정치와 경제 현실과 형태를 바꾸고 개혁하는 것은 물론이고, 하나님 말씀에 의한 심판으로 끊임없이 점검하고 검토해야 할 세상 체제와 구조 자체를 근본적으로 바꿔야 한다는 과제를 안고 있다. 그러한 과제 이행은 정치와 경제를 크게 바꾸어 놓는 일련의 사회적 변화들보다 본질적으로 더 포괄적이고 영속적이다. 사회적 변화들은 중요하기는 하지만 일시적이고 제한적이기 때문에 하나님 나라의 절대적 요구를 결코 충족시키지 못한다. 그리스도 공동체는 사회적 성취나 진보에 결코 만족하지 않으며 세상을 향한 하나님의 주장들, 즉 의와 평화, 정의를 세상에 실현시켜야 한다는 하나님의 궁극적 뜻을 부단히 선포해야 한다. 불법과 무질서로 치닫는 세상에서 그리스도 공동체는 끊임없이 변화를 촉구하고, 기성 체제를 신처럼 숭배하려는 것에 끊임없이 의문을 제기하고 반대하며, 죽음의 그림자가 짙게 드리워진 세상 한가운데서 인간의 생명을 영구히 옹호하는 중심지가 되어야 한다. 그렇게 할 때 그리스도 공동체는 세상에서 지칠 줄 모르는 혁명적 세력이 되어 역사에 순응하는 것에 만족하지 않고, 지금 오고 있으며 하나님 백성의 신실함과 순종에 의해 현재적 실재로 바뀔 하나님 나라에 궁극적인 충성을 바칠 수 있게 된다.

자끄 엘륄은 오늘날 그리스도 공동체가 처한 '혁명적 상황'을 다음과 같이 설득력 있게 기술한다.

온갖 해결책, 경제와 정치를 비롯한 여러 분야에서 일궈낸 온갖 업적들은 사실 그때뿐이다. 그리스도인들은 한순간도 그러한 해결책이나 업적들이 완벽하거나 영속적이라고 믿지 않는다. 그러한 해결책이나 업적들은 그것들을 오염시키는 죄로 인해, 그리고 그것이 일어나는 상황으로 인해 훼손되기 마련이다. 그렇기 때문에 그리스도인은 하나님의 주장을 끊임없이 되새기고, 혼돈 상태로 빠져드는 이 세상의 질서 한복판에서 하나님의 뜻이라는 '명령'을 재확립해야 한다. 하나님이 세상을 향해 언제나 제기하는 주장으로 인해 그리스도인은 - 바로 그 사실로 인해 - 자신들이 영원히 혁명의 상태에 있음을 의식하게 된다. 하나님이 세우신 체제와 법, 개혁이 성취되었을 때조차도, 그리스도인의 제안에 따라 사회가 재편성된다하더라도 그리스도인은 끝없이 저항하고, 변화를 멈추지 않는다. 하나님의 주장은 그분의 용서만큼이나 끝이 없기 때문이다. 따라서 사람들이 진보, 발전, 사실, 기존의 결과들, 실재들이라 일컫는 그 모든 것을 끊임없이 의심하라는 부르심을 받은 그리스도인은 인간의 이 모든 수고에 결코 만족하지 말고 그 수고를 넘어서는 일을 지속적으로 해야 한다.

그리스도의 심판 안에서 그리스도인은 성령의 인도를 받는다. 이는 본질적으로 혁명적 행위다. 혁명가로서의 본분을 망각하는 것은 세상에서 감당해야 할 그리스도인의 사명을 등한시하는 것이다.[5]

엘룰은 계속해서 말한다.

> 따라서 지금은 혁명적 상황이라 할 수 있다. 혁명적이라는 것은 아직 존재하지는 않지만 오고 있는 진리의 이름으로 현재의 세상을 그 실재들로 심판한다는 뜻이다. 심판해야 할 것은 이 진리가 우리를 둘러싼 현실보다 더 참되고 더 실제적이라고 믿기 때문이다. 즉 심판은 폭발적 힘을 지닌 미래를 현재로 끌어들인다. 심판은 미래 사건들이 현재 사건들보다 더 중요하고 참되다는 믿음이다. 심판은 현재를 미래의 관점에서 이해한다는 것을, 역사가들이 과거를 지배했던 것 같이 미래에 의해 현재를 지배한다는 뜻이다.[6]

하나님 나라를 향한 소망으로부터 동기를 부여받는 그리스도인은 지금 여기에서 드러나는 미래의 표지들을 찾아야 한다. 그리스도인은 '낮에 행동하듯' 살아야 한다(롬 13:13). 사도 바울의 이 말은 그리스도인들이 다가올 하나님 나라가 이미 우리 가운데 와 있음을 의식하면서 살아야 한다는 뜻이다. 우리는 다가올 하나님 나라의 우선순위를 현재에 드러내야 한다. 그렇게 할 때 그리스도인은 이 세상 나라가 그리스도의 나라가 될 때(계 11:15) 궁극적으로 인류의 삶을 송두리째 바꾸어 놓을 혁명의 전령이자 선구자가 된다. 우리의 노력으로 하나님 나라가 도래하는 것은 아니지만, 그 나라의 가치를 우리의 삶으로 구현함으로 우리는 그 나라의 도래를 증언한다. 이는 우리가 과거에 집착해서도, 현재 상태에 순응해서도 안 된다는 뜻이기에 매우 중요하다. 우리는 이 세상에서 이용할 수 있는 정의(definitions)와 선택, 전략에 얽매여서는 안 된다. 우리는 예수 그리스도 안에 계시된 미래에 비추어 현재를 거리낌 없이 살 수 있어야 한다. 예수는 다가올 하나님 나라의 표지이기에 우리 또한 하나님 나라의 열매를 증언하는 삶을 살아냄으로써 하나님 나라의 표지가 되어야 한다.

성서에서 중시하는 '이 세대'와 '다가올 세대' 사이의 긴장은 역사에서 급진적 사회 변화를 이끌어 낼 정치적 열쇠이자 결정적 요인이다. 세상이 잘못되어도 한참 잘못되었다는 인식에 기초한 혁명은 현재의 역사적 상황을 초월해 나타난 변화와 소망의 비전에서만 가능하다. 현실로 다가올 미래의 힘에 대한 굳건한 믿음만이 현상 유지를 수동적으로 받아들이도록 부추기는 이 세상의 집요한 유혹으로부터 교회를 보호해준다. 그런 믿음은 오히려 혁명적 기대와 행동을 가능케 하는 원동력이다.

하나님을 모르는 이 세상에서 교회는 기성 질서와 첨예하게 대립한다. 성서는 세상 권세를 하나님께 반기를 들고 인간의 삶을 통제하는 것으로 본다. 성서는 사단을 이 세상의 왕이라 부른다. 예수 그리스도의 교회는 그 세상의 체제와 평화롭게 공존하는 것이 아닌 전쟁 중에 있다. 교회는 세상에 침투하여 하나님의 새로운 공동체에 뿌리박은 새로운 실재, 곧 하나님 나라를 무기로 삼아 세상과 맞서는 존재다.

　기존 질서를 뒤엎으려는 복음의 속성상, 제자의 길을 따르는 교회는 이 세상의 모든 혁명가들의 삶에 깊이 공감한다. 새로운 신화와 우상숭배를 배격하고, 거짓된 인간적 소망과 그것에 기초한 이데올로기적 비전을 거부하며, 행사되는 모든 폭력과 죽음의 수단을 세상에 대한 순응으로 간주하는 신실한 교회는 기존 체제에 저항하는 자들의 억압과 열망을 뼛속 깊이 공감한다. 교회는 이 세상 체제와 기관들에 의해 희생당한 자들의 눈으로 그 체제와 기관들을 바라보는 독특하면서도 남다른 역사관을 갖는다. 이 세상의 모든 체제는 그에 따른 희생자들을 낳기 마련인 바 – 이는 혁명 운동이 새로운 체제로 바뀌면 곧 밝혀지는데 – 그런 희생자들을 어떻게 대해야 하는가 하는 숙제를 갖는다. 그러나 교회는 그런 이데올로기와 경제, 정치적인 이유로 희생당한 모든 이들을 섬기고 그들과 함께하고 그들을 변호하고 그들의 삶과 가치를 지켜야 한다.

　교회가 혁명적 사명에 충실하기 위해서는 살벌한 적자생존의 세상 속에서 소수자의 자리에 서는 것이 무엇보다 중요하다. 보통 교회를 '타락'시키고, 하나님의 백성임을 잊어 버리게 만들고, 하나님 나라를 세속적 실재로 변질시켜 그 나라를 욕되게 하는 것은 다름 아닌 '공인된' '전통적인' '다수'라는 꼬리표를 단 기독교다. 교회가 세상과 화해할 때마다, 곧 교회가 세상을 바꾸기보다는 오히려 현 체제를 정당화하는, 다시 말해 '기독교 왕국'(Christendom)을 세우려 할 때마다 교회 본연의 모습을 회복하라는 목소리가 봇물처럼 터져 나왔다.

교회는 사회 체제에서 교권주의를 옹호하는 봉신이 아니라, 다가올 하나님 나라의 첨병이자 수단이라는 정체성을 갖는 존재라고 성서는 말한다. 순종하는 교회는 하나님이 역사에서 활동하시면서 인간의 삶과 역사를 완전히 뒤집어엎는 전쟁의 최전선에 서 있다. 교회는 새로운 질서를 창조하고 드러내는 표지다. 그리스도 공동체는 세상이 정의하는 '책임'과 '현실주의'에 순응하는 것이 아니라, 폭발적인 결과로 하나님 나라의 현존과 권능을 현재의 사회적·정치적 실재 한가운데 드러냄으로써 그 사명을 완수한다. 현재 상황과 정치적 '실재들'에 순응하는 것으로 역사가 움직인 적은 한번도 없었다. 훈련과 어떤 희생도 감수하려는 소수만이 사회를 변화시킬 수 있으며, 그런 이들의 대안적 비전과 생활방식, 급진적 행동이 역사를 움직인다. 세상으로의 부르심에 충실할 때 교회는 예언자적 소수가 된다. 하나님 나라에 담긴 사회적·정치적 의미는 교회를 이와 같은 역동적 소수로 만든다. 우리는 행동을 통해 하나님 나라의 도래를 선포하고, 생활방식으로 그 나라의 도래를 증언한다. 교회는 하나님 나라가 역사 속으로 '침투해 들어와' 획기적인 변화와 변혁을 일으키는 방식으로 세상에 존재한다. 먼저 하나님 나라를 구한다는 것은 제자도의 핵심으로 혁명적 태도를 견지한다는 뜻이다. 이는 우리의 삶과 사회가 하나님의 뜻에 미치지 못하면 결코 만족하지 못하고 우리와 세상 역사에서 혁명적인 변화가 일어나기를 열망한다는 뜻이다. 교회는 이 세상의 사회적·정치적 실재들에 대한 비판적 비전을 명확히 표명하되 그 일을 지속적으로 해야 한다. 교회는 여느 정치적 실재나 특정한 사회적 질서를 하나님 나라와 동일시하거나 절대화하는 어리석음을 범해서는 안 된다. 그리스도 공동체는 하나님 나라를 세속적인 비전으로 대체하려는 이데올로기라는 우상, 이를테면 파시즘이나 마르크스주의, 자본주의, 민주주의, 국가주의 등의 가면을 벗겨내고 신화적 요소를 없애는 일에 앞장 서야 한다. 그러나 그리스도 공동체의 비판적 기능은 단순히 그것들을 반대하고 인간의 거짓된 소망에 대한 하나님의 심판을 선포하는 일에 국한되지 않는다. 교회는 생명과 정의, 자유를 어떻게 하면 더 잘 섬길 수 있는가 하는 대안적 노력에 절대적 가치를 부여할 구조와 관계를 생산하는 일도 해야 한다. 교회의 비판적 기능, 곧 심판을 선포하는 동시에 대안을 제시하는 역할은 역사에서 인간을 향한 하나님의 사랑과 목적을 드러낸다는 의미에서 예언자적이다. 교회가 이런 비판적 역할을 포기하는 것은 세상과 세상의 거짓되고 파괴적인 환상, 곧 역사에서 활동하시는 하나님의 도움 없이도 스스로를 구원할 수 있다는 환상에 무릎을 꿇는다는 뜻이다.

예수는 자신에게 세상이 제시한 여러 선택들을 온전히 뿌리치셨다. 이를테면 종교·정치 지도자들(사두개인들)과의 협력, 종교적 규칙을 적절히 준수하는 방법(바리새인들), 정적주의자가 되어 갈등과 긴장의 현장에서 물러나 초연의 장소로 은둔하는 것(에세네파), 그리고 과격한 혁명을 일으키는 것(열심당원들) 등이다. 대신 그분은 다른 선택을 하셨다. 예수는 기존 체제에 임할 하나님의 심판을 선포하고 새로운 질서의 도래를 예고하신 후에 그 새로운 질서의 소망과 능력을 증언하고 자신의 존재를 세상에 서서히 알리는 신앙 공동체를 만드셨다. 역사에서 펼치시는 하나님의 목적, 곧 신실한 백성을 선택해 세상과 구별시켜 하나님의 구원 사역을 증언하고 대리하는 일에 철저히 헌신하는 공동체를 말이다. 이것이 존 하워드 요더가 말하는 "근원적 혁명, 곧 상식을 뒤엎는 일련의 독특한 가치들과 그 가치들을 일관성 있게 실현시키는 독특한 공동체"의 탄생의 이유다. 이 공동체는 자신을 여느 민족들 가운데 하나라고 생각하지 않지만(민 23:9), 자신의 삶과 행동을 통해 하나님 나라라는 전혀 새로운 질서를 우리의 역사에 선보인다. 이 공동체는 그들의 삶을 그리스도와 그의 나라에 헌신한 사람들로 구성된 자발적인 사회다. 이 공동체는 계층과 인종, 성의 장벽을 허무는 인류 연합체다. 이 공동체는 원수를 용서하고, 자신의 소유를 나누고, 폭력을 행사하기보다는 기꺼이 폭력의 희생자가 되고, 스스로 종이 되어 권력의 유혹을 뿌리치고, 공동체의 은사들을 통해 리더십을 발휘하고, 악을 선으로 갚음으로써 악에 반응하고, 도덕적 자립과 예언자적 증언으로 국가에 맞서고, 새로운 생활방식과 새로운 응답방식으로 새로운 사회를 건설하여 낡은 사회에 도전을 가한다.

하나님은 이런 방식으로 세상을 다시 세우시고 사람들에게 화해를 선보이신다. 이 새로운 백성의 공동체는 죄와 죽음으로 치닫는 세상에서 '소금'과 '빛'이 된다. 이런 공동체가 존재한다는 사실만으로 기존 체제는 두려워할 것이며, 그 공동체는 자신의 사명에 신실함으로써 사회를 근본적으로 변화시키는 촉매제가 된다. 그리스도 안에서 이미 시작된 미래를 선포하고 그 미래에 비추어 오늘의 삶을 살아낸다면 자신에 대한 불순종을 참지 못하는 기성 체제는 분명 무너질 것이다. 합의된 게임의 법칙을 따르지 않는 사람들에 의해 엄청난 혼란이 일어나면 게임은 신임 받을 수 없게 되듯이 말이다. 이렇듯 그리스도 공동체는 궁극적인 병행 기관, 곧 본이 되는 삶과 소망으로 다른 집단들에 끊임없이 맞서는 집단으로 존속하지만 인류 공동체의 가능성을 시연하는 공동체로 존재한다.

에필로그

잠시 머물다가는 사람들

오늘날 우리가 직면한 문제의 심각성으로 인해 전통적인 접근 방식과 해결책들은 효율적이기는커녕 오히려 역효과를 내고 있다. 전 세계적 가난이라는 끔찍한 현실, 억압적 권력, 환경을 파괴하고 가진 것 없는 이들을 짓밟는 경제 체제, 부패한 정치, 온갖 형태의 폭력, 추악한 인종과 성차별, 인간의 자유와 존엄성을 파괴하는 기술적 획일화, 사회 붕괴, 권태, 풍요가 낳은 허무함. 이 모든 것들이 한데 어우러져 전통적인 해결책들과 기존의 리더십이 도덕적 파산 상태에 이르렀다. 권력자들과 권력 쟁취에 혈안이 된 자들은 해결책이 있다고 떠들지만 그들의 약속은 모두 거짓임이 드러났다. 전통적 해결책들과 대안으로 제시된 다양한 이데올로기적 전략들은 협소하기 그지없으며 결코 급진적이라 할 수 없다. 문제의 본질에 다가서지 못하기 때문이다.

당면한 문제들을 체제 전체에 영향을 끼치는 암적인 질병으로 간주하기보다는 개인주의적인 관점에서 파악하는 사람들이 있다. 기존 체제의 틀 안에서 문제를 해결할 수 있다는 신념이나 희망에 사로잡혀 대안적 비전의 필요성을 인식하지 못하는 사람들도 있다. 또 모든 일을 이데올로기적 관점에서 정의하여 정치 권력을 쟁취하고 조종할 때에라야 해결책이 생긴다고 생각하는 사람들도 있다. 그러나 이는 단순히 현 체제의 가장 커다란 우상숭배 중 하나를 공고히 할 뿐이다. 문제의 근본 원인을 파헤치기 위해서는 의미 있는 사회적 변화를 이끌어 내고, 보다 포괄적 해결책의 제시를 위해 개인적 차원과 집단적 차원 모두에서 인간의 가치와 관계에 근본적 변화가 일어나야 한다는 인식이 전제되어야 한다. 그렇지 않으면 환멸과 허무함, 지금의 역사적 현실에 순응하는 결과를 낳을 것이다.

새로운 인간 가치와 관계를 구축할 수 있는 비전과 힘을 기성 체제나 기성 체제에 반대하는 이데올로기는 결코 만들어 내지 못한다. 하여 그리스도인은 그러한 가치와 관계를 만들어 내야 할 책임이 있다. 대안적 비전과 가치를 제공할 사회적 리더십을 발휘하는 것 그것이 그리스도인의 책임이다. 기존 체제의 사고방식에서 완전히 벗어나기 위해서는 그리스도의 능력의 핵심에 있는 변화와 삶의 방향 전환을 깊이 그리고 철저히 경험해야 한다. 이런 근원적 변화가 바로 복음이 주장하는 바이며, 그리스도와 서로에게 헌신한 신자들의 모임에서 이루어진다.

그러나 하나님의 자녀가 아닌 이 세대의 자녀로 살아가는 한 그리스도인은 결코 사회적 리더십을 발휘하지 못할 것이다. 신약성서에 묘사된 그리스도의 몸은 이 세대의 자녀들의 잠시 모이는 일요일 모임과는 달라도 한참 다르다. 신자들의 지역 공동체는 세상에서 그리스도를 대변하고, 예수 그리스도가 역사 속으로 들어오시면서 생겨난 새로운 질서를 구현하기 때문이다.

새로운 공동체로서의 그리스도인들의 공동생활은 전혀 새로운 질서의 출현, 새로운 창조의 첫 열매, 하나님이 우리 사회를 위해 계획하신 새로운 차원의 삶을 누릴 수 있는 장소가 되어야 한다. 그들의 함께하는 삶은 낡은 껍질을 벗고 함께 성장하는 대안적 사회다. 그들의 삶은 모든 것, 즉 돈과 소유, 시간과 결정, 가족과 일, 상처와 두려움, 꿈과 소망, 기쁨과 슬픔, 예배와 도덕적·정치적 분별, 세상에서의 사역과 강력한 증언, 그리고 공동체 지체들의 사랑과 신뢰를 통해 하나님이 베푸시는 치유 등을 아낌없이 그리고 기꺼이 나누는 삶이다. 우리가 교회 안에서 나누는 교제를 통해 서로를 치유하는 통로가 되지 못한다면, 하나님은 교회를 이 세상을 치유하는 수단으로 사용하지 못하신다.

개개인의 특성이 몸의 다양한 지체로 표현된다고 보는 신약성서의 이해를 받아들이는 하나님의 자녀들의 삶에 개인주의 윤리의 자리는 없다. 우리는 신약성서가 말하는 이 강력한 은유를 공동체 가운데서 되살려야 한다. 다행인 것은 공동생활을 하면서 지역 사회에 모습을 드러내고 세상에서 증언하는 교회에 대한 새로운 비전이 최근 많은 곳에서 등장하고 있다는 것이다. 다양한 전통을 배경으로

하고 있는 그리스도 공동체들이 이런 새로운 대안 사회로서의 교회에 대한 비전을 공유하기 시작했다. 그러한 변화의 움직임이 1975년 가을 디트로이트에서 열린 그리스도 공동체 모임에서 포착되었다. 그 모임에서 공동체는 다음과 같은 결의를 통해 자신들 공동의 관심사와 헌신을 나타냈다.

> 오늘날 성령은 개인의 회심과 갱신을 도모하는 한편, 세속 사회에 온전히 몸담고 있는 하나님의 백성들로 구성된 낯선 은사적 모임인 교회를 새롭게 하고 교회의 집단적 갱신의 근거가 되는 성서적 원리들이 무시되어 왔음을 증언하고 있다. 성령은 그리스도의 몸인 교회에 대한 비전, 곧 교회는 예언자적 능력으로 세속 질서의 대안이라는 비전을 선포하고 증언하신다.
> 이러한 비전에 헌신하는 결과, (신학적, 사회적 기원이 다양한) 몇몇 지역 교회는 전혀 새로운 생활방식, 전혀 새로운 체제의 공동체적 삶과 리더십, 그리고 자신들의 내적 교회 공동체를 든든히 세우는 한편, 공동체는 지역 사회와 세상의 필요에 부응할 수 있게 하는 새로운 유형의 사역을 스스로 찾게 되었다.

이 새로운 발견들로 지역 교회의 삶과 사역의 실상이 여실히 드러나는 가운데 교파와 기독교 전체라는 보다 거시적인 차원에서 교회 갱신이 시급히 이루어져야 한다는 공감대가 형성되고 있다.

일부 그리스도인들이 세상에서 증언하고 행동해야 할 책임을 회피하기 위해 기독교 단체에 가입하여 세상과 담을 쌓고 지내려 한다. 세상을 외면한다는 것은 하나님의 백성이 그분의 길을 따르지 않는다는 분명한 표지이자 자신의 성서적 정체성을 잃어 버렸다는 징후다. 하나님은 사람들을 공동체로 불러 그들을 자신이 역사 속에서 펼치시는 해방과 치유 사역의 첨병으로 삼으신다. 그리스도 공동체는 세상을 등지고 은둔하려 할 것이 아니라, 오히려 세상의 일에 뛰어드는 방법 그 자체, 곧 그리스도인이 다양한 모습으로 참여하는 기반이자 원천이 되어야 할 것이다.

마찬가지로, 갈등에서 벗어나거나 순수에 대한 터무니없는 열망으로 종의 길을 선택해서도 안 된다. 성육신은 하나님이 세상의 해방을 위해 그리스도 안에서, 그리고 교회 안에서 택하신 방법이다. 우리는 이 세상의 노예가 아닌 하나님의 종이 되어야 한다. 우리는 낮아질 때 자유로울 수 있다. 기꺼이 섬기는 종이 되기 위해서 우리는 먼저 우리가 누구인지 알아야 한다. 예수는 자신이 어떤 존재인지 분명히 아셨다. 그분은 하나님 앞에서 참된 자유를 누리고 자신의 삶을 온전히 다스렸기에 온몸을 던져 세상을 섬기실 수 있었다. 예수는 자발적으로 헌신하셨다. 누가 시켜서 하신 것이 아니었다. 종노릇은 피동적인 것이지만 종으로서의 섬김은 자발적인 선택이다. 자신들이 처한 사회적·경제적 상황으로 인해 가난한 자들과 여성들과 흑인들과 억압받는 소수자들이 종노릇하고 있는 것을 그들이 종으로 섬기고 있다고 착각해서는 안 된다. 억압당하는 이들에게 권위에 순종하라고 권면하는 것은 그리스도가 보이신 스스로 낮아지심의 본을 왜곡하고, 자유가 종으로 섬기는 것의 기초라는 중심 진리를 무시하는 짓이다. 그리스도인들은 하나님 앞에서 자발적으로 섬기고, 자신들을 위한 권력 쟁취를 거부하는 자들이다. 그리스도인들은 억압당하는 자들에게 힘을 주기 위해 애쓰는 자들이다. 이것이 그리스도가 보이신 종으로서의 섬김의 태도다. 이것이 성서적 백성이 변화를 일으키는 핵심 열쇠다. 성서적 백성이 종의 모습으로 세상을 섬기는 것, 이것이 이 세상에서 하나님이 행사하시는 능력이다.

섬김의 공동체는 성서적 백성이 함께하는 삶의 방식이다. 섬김의 공동체는 이 땅에 잠시 머물다가는 자들의 삶의 방식이다. 섬김의 공동체는 지난 역사 속에서, 그리고 지금 이 시대 속에서 신실한 그 나라의 백성들을 들어 쓰시는 하나님의 방법이다.

1. 새로운 질서로서의 복음
1) *Cost of Discipleship*, p. 47. 『나를 따르라』(대한기독교서회).
2) *Presence of the Kingdom*, p. 145. 『세상 속의 그리스도인』(대장간).
3) 같은 책, p. 146.
4) *Church Dogmatics*, vol.4, part, pp. 543-53.
5) 같은 책, pp. 543-53.

2. 근원으로 돌아가기
1) Vernon Grounds, *Revolution and the Christian Faith*, p. 216에서 인용.

3. 우상, 권세, 그리고 예배
1) *Imposters of God*, p. 29.
2) *Christ and the Powers*, pp. 30-31. 『그리스도와 권세들』(대장간).
3) 같은 책, pp. 42-43.

4. 힘있는 자들과 힘없는 자들
1) David Horowitz, *Free World Collossus*, p. 15에서 인용.
2) *Social Policy*, 1971년 5/6월호.
3) *America's Empire*, p. 417.
4) *Catholic Worker*, 1973년 12월호에서 인용.

5) *Christ and Time*, p. 228. 『그리스도와 시간』(나단).

5. 새로운 공동체

1) *Suspect Tenderness*, pp. 83-84.
2) 같은 책 pp. 63-64.
3) *Crucified God*, p. 327. 『십자가에 달리신 하나님』(한국신학연구소).
4) *Cross Currents*, 1973년 가을호.
5) *Presence of the Kingdom*, pp. 48-49.
6) 같은 책, pp. 50-51.

참고도서

Aukerman, Dale. *Darkening Valley: A Biblical Perspective on Nuclear War.* New York: Seabury Press, 1981.

Bainton, Roland. *Christian Attitudes Toward War and Peace.* Nashville: Abingdon, 1960. 『전쟁, 평화, 기독교』(대한기독교서회).

Barnet, Richard. *The Lean Years: Politics in the Age of Scarcity.* New York: Simon and Schuster, 1980.

_____. *Real Security: Restoring American Power in a Dangerous Decade.* New York: Simon & Schuster, 1981.

_____. *Roots of War.* New York: Penguin Books, 1971.

Barnet, Richard, and Roland Muller. *Global Reach.* New York: Simon & Schuster, 1974.

_____. *The Giants: Russian and America.* New York: Simon & Schuster, 1977.

Berkhof, Hendrik. *Christ and the Powers.* Scottdale, Pa.; Herald Press, 1962. 『그리스도와 권세들』(대장간).

Berrigan, Daniel. *Ten Commandments for the Long Haul.* Nashville: Abingdon, 1981.

Boesak, Allan. *The Finger of God: Sermons on Faith and Socio-Political Responsibility.* Marynoll, N.Y.: Orbis, 1979.

Bonhoeffer, Dietrich. *Cost of Discipleship*. New York: Macmillan, 1963. 『나를 따르라』(대한기독교서회).

_____. *Ethics*. New York: Macmillan, 1955. 『윤리학』(대한기독교서회).

_____. *Letters and Papers from Prison*. New York: Macmillan, 1953. 『옥중서간』(대한기독교서회).

_____. *Life Together*. New York: Harper & Row, 1954. 『신도의 공동생활』(대한기독교서회).

Brockman, James R. *The World Remains: A Life of Oscar Romero*. Marynolls, N.Y.: Orbis, 1982.

Campbell, Will. *Brother to a Dragonfly*. New York: Seabury Press, 1979.

Cardenal, Ernesto. *The Gospel in Solentiname, Volumes I-IV*. Marynoll, N.Y.: Orbis, 1979. 『말씀이 우리와 함께』(분도).

Cassidy, Richard. *Jesus, Politics, and Society*. Marynoll, N.Y.: Orbis, 1978. 『예수, 정치, 사회』(대한기독교서회).

Cone, James. *God of the Oppressed*. New York: Seabury Press, 1975. 『눌린 자들의 하나님』(이화여자대학교 출판부).

_____. *My Soul Looks Back*. Nashville: Abingdon, 1982.

Day, Dorothy. *Loaves and Fishes: The Story of the Catholic Worker Movement*. San Francisco: Harper & Row, 1983 (reprint).

_____. *The Long Loneliness: An Autobiography*. San Francisco: Harper & Row, 1981. 『고백』(복있는 사람).

Dayton, Donald. *Discovering an Evangelical Heritage*. New York: Harper & Row, 1976. 『다시 보는 복음주의 유산』(요단).

Ellsberg, Robert, ed. *By Little and By Little: The Selected Writings of Dorothy Day*. New York. Alfred A. Knopf, 1983.

Ellul, Jacques. *False Presence of the Kingdom*. Seabury Press, 1972.

_____. *The Political Illusion*. New York: Alfred A. Knopf, 1967. 『정치적 착각』(대장간).

_____. *The Politics of God and the Politics of Man*. Grand Rapids, Mich.; Eerdmans, 1972. 『하나님의 정치, 사람의 정치』(두란노).

_____. *Prayer and Modern Man*. New York: Seabury Press, 1970. 『기도와 현대인』(두레시대).

_____. *Presence of the Kingdom*. New York: Seabury Press, 1967. 『세상 속의 그리스도인』(대장간).

_____. *Propaganda*. New York: Vintage, 1965.

_____. *The Technical Society*. New York: Vintage, 1964. 『기술의 역사』(한울).

_____. *Violence: Reflections from a Christian Perspective*. New York: Seabury Press, 1969. 『폭력』(현대사상사).

Englebert, Omer. *Saint Francis of Assisi*. Chicago: Franciscan Herald Press, 1965.

Esquivel, Adolfo Perez. *Christ in a Poncho: Witness to the Non-Violent Struggle in Latin America*. Marynoll, N.Y.: Orbis, 1983.

Foster, Richard. *Celebration of Discipline: The Path to Spiritual Growth*. San Francisco: Harper & Row, 1978. 『영적 훈련과 성장』(생명의 말씀사).

Harding, Vincent. *The Other American Revolution*. Los Angeles: Center for Afro-American Studies, 1980.

_____. *There is a River: The Black Struggle for American Freedom*. New York: Vintage, 1981.

Hershberger, Guy Franklin. *War, Peace, and Nonresistance*. Scottdale, Pa: Herald Press, 1944.

Jewett, Paul. *Man as Male and Female*. Grand Rapids, Mich.: Eerdmans, 1975.

_____. *The Ordination of Women*. Grand Rapids, Mich.: Eerdmans, 1980.

Jordan, Clarence. *The Sermon on the Mount*. Valley Forge: Judson Press, 1970.

_____. *The Substance of Faith and Order: Cotton Patch Sermons*. New York: Association Press, 1972.

Lasserre, Jean. *War and the Gospel*. Scottdale, Pa.: Herald Press, 1962.

Leech, Kenneth. *True Prayer: An Invitation to Christian Spirituality*. San Francisco: Harper & Row, 1980. 『마음으로 드리는 기도』(은성).

Lernoux, Penny. *Cry of the People*. New York: Penguin Press, 1980.

Malcolm X. *The Autobiography of Malcolm X*. New York: Ballantine, 1964. 『말콤 X』(창작과비평사).

McGinnis, Kathleen and James. *Parenting for Peace and Justic*. Marynoll, N.Y.: Oribi, 1981.

McNeil, Donald, Douglas Morrison, and Henri Nouwen. *Compassion: A Reflection on the Christian Life*. Garden City, N.Y.: Doubleday, 1971. 『긍휼』(IVP).

Meconis, Charles A. *With Clumsy Grace*. New York: Seabury Press, 1979.

Merton, Thomas. *Conjectures of Guilty Bystander*. Garden City, N.Y.: Doubleday, 1966.

_____. *Contemplation in a World of Action*. Garden City, N.Y.: Doubleday, 1972.

_____. *Contemplative Prayer*. Garden City, N.Y.: Image Books, 1969. 『관상 기도』(성바오로).

_____. *Faith and Violence*. Notre Dame, Ind.: University of Notre

Dame Press, 1968.

_____. ed. *Gandhi on Non-Violence*. New York; New Directions, 1964.

_____. *New Seeds of Contemplation*. New York: New Directions, 1961 『새 명상의 씨』(가톨릭 출판사).

_____. *Raids on the Unspeakable*. New York: New Directions, 1970.

_____. *The Thomas Merton Reader*. Garden City, N.Y.: Doubleday, 1974.

Miller, William. *Dorothy Day: A Biography*. San Francisco: Harper & Row, 1982.

Mollenkott, Virginia. *Women, Men, and the Bible*. Nashville: Abingdon, 1977.

Moltmann, Jurgen. The Crucified God. New York: Harper & Row, 1974. 『십자가에 달리신 하나님』(한국신학연구소).

Nelson, Jack. *Hunger for Justice*. Marynoll, N.Y.: Orbis, 1980.

Nouwen, Henri. *Clowning in Rome*. Garden City. N.Y.: Image books, 1979. 『로마의 어릿광대』(가톨릭 출판사).

_____. *Reaching Out: The Three Movement of the Spiritual Life*. Garden City, N.Y.: Doubleday, 1975. 『영적 발돋움』(두란노).

Oates, Stephen. *Let the Trumpet Sound*. New York: Harper & Row, 1982.

Perkins, John. *Let Justice Roll Down*. Ventura, Calif.: Regal Books, 1976. 『정의를 강물처럼』(대장간).

_____. *With Justice for All*. Ventura, Calif.: Regal Books, 1982.

Ruether, Rosemary Radford. *New Woman/ New Earth*. New York: Seabury Press, 1975.

_____. *To Change the World: Christology and Cultural Criticism*. New York: Crossroad, 1983.

Ruether, Rosemary and Eleanor McLaughlin. *Women of Spirit: Female*

Leadership in the Jewish and Christian Tradition. New York: Simon & Schuster, 1979.

Scanzoni, Letha, and Nancy Hardesty. All We're Meat to Be. Waco, Tex.: Word Books, 1974.

Schell, Jonathan. The Fate of the Earth. New York: Avon, 1982 『지구의 운명』(홍성사).

Sider, Ronald. Rich Christian in an Age of Huger. Downers Grove, Ill.: Inter-Varsity Press, 1977. 『가난한 시대를 사는 부유한 그리스도인』(IVP).

Sider, Ronald and Richard Taylor. Nuclear Holocaust and Christian Hope: A Book for Christian Peacemakers. New York: Paulist, 1982.

Sider, Ronald and Darrell Brubaker, eds. Preaching on Peace. Philadelphia: Fortress, 1982.

Sine, Tom. The Mustard Seed Conspiracy. Waco, Tex.: Word Books, 1981.

Snyder, Howard. Liberating the Church: The Ecology of Church and Kingdom. Downers Grove, Ill.: Inter-Varsity Press, 1983. 『참으로 해방된 교회』(IVP).

Stringfellow, William. An Ethics for Christians and Other Aliens in a Strange Land. Waco, Tex.: Word Books, 1973.

―――. Conscience and Obedience. Waco, Tex.: Word Books, 1978.

―――. Free in Obedience. New York: Seabury Press, 1964.

―――. A Private and Public Faith. Grand Rapids, Mich.: Eerdmans, 1962.

―――. Suspect Tenderness. New York: Holt, Rinehart and Winston, 1971.

Tamez, Elsa. Bible of the Oppressed. Marynoll, N.Y.: Orbis, 1982.

Torres, Sergio, and John Eagleson. Eds. The Chanllenge of Basic Christian Communities. Marynoll, N.Y.: Orbis, 1982.

Vanier, Jean. *Community and Growth*. New York: Paulist, 1979. 『공동체와 성장』(성바오로).

Wilmore, Gayraud, and James Cone. *Black Theology*. Marynoll, N.Y.: Orbis, 1979.

Yoder, John Howard. *The Christian Witness to the State*. Newton, Kans.: Faith and Life Press, 1964.

_____. *Nevertheless*. Scottdale, Pa.; Herald Press, 1971. 『그럼에도 불구하고, 평화』(대장간).

_____. *The Original Revolution*. Scottdale, Pa.: Herald Press, 1971. 『근원적 혁명』(대장간).

_____. *The Politics of Jesus*. Grand Rapids, Mich.: Eerdmans, 1972. 『예수의 정치학』(IVP).

성서적 백성의 제자도
무엇을 따르고 무엇에 저항할 것인가

초판 1쇄 발행 2025년 6월 24일

지은이 짐 월리스
옮긴이 강봉재
펴낸이 정선숙

펴낸곳 협동조합 아바서원
등록 제 274251-0007344
주소 경기도 고양시 덕양구 향동217 DMC플렉스데시앙 B1523호
전화 02-388-7944 **팩스** 02-389-7944
이메일 abbabooks@hanmail.net

ⓒ 협동조합 아바서원, 2025

ISBN 979-11-90376-87-7 (03230)

"너희는 다시 무서워하는 종의 영을 받지 아니하고 양자의 영을 받았으므로 우리가 아빠(아바) 아버지라고 부르짖느니라"(로마서 8:15)

잘못 만들어진 책은 구입한 곳에서 교환해 드립니다.